POESIA VAGINAL
Cem Sonnettos Sacanas
SÉRIE SEXO

copyright Hedra
edição brasileira© Hedra 2015

edição Luis Dolhnikoff
coedição Jorge Sallum
assistência editorial Luan Maitan
revisão Hedra
capa Julio Dui
imagem da capa *Woman's body* por Edvard March

ISBN 978-85-7715-401-2
corpo editorial Adriano Scatolin,
Caio Gagliardi,
Jorge Sallum,
Luis Dolhnikoff,
Oliver Tolle,
Ricardo Musse,
Ricardo Valle,
Tales Ab'Saber

Grafia atualizada segundo o Acordo Ortográfico da Língua
Portuguesa de 1990, em vigor no Brasil desde 2009.

Direitos reservados em língua
portuguesa somente para o Brasil

EDITORA HEDRA LTDA.
R. Fradique Coutinho, 1139 (subsolo)
05416–011 São Paulo SP Brasil
Telefone/Fax +55 11 3097 8304

editora@hedra.com.br
www.hedra.com.br

Foi feito o depósito legal.

POESIA VAGINAL
Cem Sonnettos Sacanas

Glauco Mattoso

1ª edição

hedra

São Paulo_2015

Sumário

A grande sacanagem histórica de ainda escrever sonetos,
por Jorge Sallum   9

POESIA VAGINAL   27

SONNETTO BOCETEIRO [309]   29
SONNETTO DA NYMPHETA [374]   31
SONNETTO DISCIPLINADO [707]   33
SONNETTO DA LUXURIA [832]   35
SONNETTO LUBRICO [1078]   37
SONNETTO SADOMITA [1105]   39
SONNETTO DO PEGA-P'RA-CAPPAR [1194]   41
SONNETTO DO BAPTISMO DE FOGO [1231]   43
SONNETTO DA FUGA SUBITA [1249]   45
SONNETTO DO CLIENTE EXIGENTE [1261]   47
SONNETTO DA ESPORRADA DESFORRADA [1356]   49
SONNETTO DA PHANTASIA SEXUAL [1410]   51
SONNETTO DO CORNO ASSUMIDO [1440]   53
SONNETTO DO GENTIL SERESTEIRO [1463]   55
SONNETTO DO TROVADOR PROVOCADOR [1464]   57
SONNETTO DA CANTIGA DE AMOR [1512]   59
SONNETTO DA FUTEBOLINA [1529]   61
SONNETTO DA MULHER NUA [1609]   63
SONNETTO DO SEXO LIMPO [1611]   65
SONNETTO DO COITO NA PENUMBRA [1627]   67
SONNETTO DA ZONA ESCROTA [1652]   69

SONNETTO DO FILME PORNÔ [1675] 71

SONNETTO DA GRAPHIA POLITICAMENTE CORRECTA [1683] 73

SONNETTO DA TITHIA QUE TITILLA [1689] 75

SONNETTO PARA OS SEIOS [1722] 77

SONNETTO PARA UM BEBÊ CHORÃO [1747] 79

SONNETTO PARA UM NAMORO ADOLESCENTE [1831] 81

SONNETTO PARA UM SONHO DESFEITO [1863] 83

SONNETTO PARA UM VOCABULARIO CONTROVERSO [1916] 85

SONNETTO PARA UMA OVELHINHA DESGARRADA (2035) 87

SONNETTO PARA UMA GAROTA QUE NÃO É DE QATIF [2042] 89

SONNETTO PARA QUEM FICA CHUPANDO O DEDO [2088] 91

SONNETTO PARA UM PERIPAQUE SEM DESTAQUE [2099] 93

SONNETTO PARA UMA MULHER DAMNADA [2117] 95

SONNETTO PARA UM HOMEM DAMNADO [2118] 97

SONNETTO PARA UMA PLATÉA MACHISTA [2146] 99

SONNETTO PARA UMA PROVA IRREFUTAVEL (2501) 101

SONNETTO PARA A ANATOMIA DA VULVA [2512] 103

SONNETTO PARA UMA CONCENTRAÇÃO MASCULINA [2562] 105

SONNETTO SOBRE UM PIERRÔ APPORRINHADO [2827] 107

SONNETTO SOBRE UMA DOMINADORA... [2932] 109

SONNETTO SOBRE UMA PAIXÃO CEGA [2933] 111

SONNETTO SOBRE O BEIJO MAIS INTIMO [3008] 113

SONNETTO SOBRE A DUPLA IDENTIDADE [3021] 115

SONNETTO SOBRE A VERSATILIDADE DAS MULHERES [3063] 117

GINGANDO NA GANGORRA [3117] 119

FEDIDO POR FEDIDO [3185] 121

REPENTINAS BOLINAS MASCULINAS [3198] 123

O MAIS MASCULO VOCABULO VERNACULO [3222] 125

MONACHAL BACCHANAL [3280] 127

APPURO NO APPURO [3361] 129

TRAUMAS DE INFANCIA [3364] 131

VOCALICA VOCAÇÃO [3366] 133

CAGONA E MANDONA [3388] — 135

AUTO PRO MOÇÃO [3409] — 137

PUTA DE RECRUTA [3450] — 139

SOLTEIRA E CABREIRA [3455] — 141

PRIMEIRAS LETTRAS [3525] — 143

PECCADO NEFANDO [3952] — 145

PECCADO VENIAL [3956] — 147

PECCADO MORTAL [3957] — 149

PROPRIAMENTE DESFRUCTANDO [3958] — 151

MENINA MIMADA [3960] — 153

PECCADO ORIGINAL [3961] — 155

PECCADO CAPITAL [3962] — 157

UM MAGOTE DE CAMAROTE [4027] — 159

CASEIRA CONFEITEIRA [4110] — 161

GOSTINHO DE MALDADE [4407] — 163

GALLO CALLEJADO [4455] — 165

ADDICIONAL INSALUBRIDADE [4463] — 167

CREAÇÃO DA BOCETA [4464] — 169

CONTRARIO SCENARIO [4555] — 171

INVASÃO DE PRIVACIDADE [4662] — 173

ACCENOS DE VENUS [4831] — 175

ALTERNATIVA DE GODIVA [4833] — 177

ACTIVO RELATIVO [4837] — 179

TREPADA TRESPASSADA (I) [4838] — 181

TREPADA TRESPASSADA (II) [4839] — 183

TREPADA TRESPASSADA (III) [4840] — 185

HEMORRHAGIA QUE ALLIVIA [4847] — 187

CAPTIVO ADOPTIVO [4936] — 189

VIOLANTE, A VIOLENTA [4970] — 191

IMPROSTITUCIONALISSIMAMENTE [4981] — 193

MOLHADAÇO EM PALHA D'AÇO [5009] — 195

VOCAÇÃO INVOCADA [5015] — 197

IRRUMANDO NO COMMANDO [5045]	199
PORCARIA SEM PERFUMARIA (I) [5047]	201
PORCARIA SEM PERFUMARIA (II) [5048]	203
ABBRAÇO SUADAÇO [5063]	205
CHORÃO SEM CHORDÃO [5086]	207
O PROVEITO DO DEFEITO [5090]	209
ESGUEDELHADA PENTELHEIRA [5099]	211
A PRAGA DA DESNADEGADA [5241]	213
DUMA VOCAÇÃO EM CRISE [5374]	215
DUM RESERVADO NÃO VENTILADO [5396]	217
UM SATYRO SATYRIZADO [5508]	219
TENTANDO TEMPTAR [5515]	221
DE MALUQUETE, SÓ BOQUETE [5537]	223
ESTÃO VIAJANDO! [5538]	225
VAMPIRO MINETTEIRO [5539]	227

A grande sacanagem histórica de ainda escrever sonetos

Jorge Sallum

O POETA DE MUITOS PÉS

Glauco Mattoso é o maior sonetista vivo do país. Mas dizer isto é dizer pouco – além de duvidoso. Pois ser um sonetista tem, hoje, um sabor um tanto ambíguo: o soneto foi a mais notória forma fixa tradicional a ter sua morte decretada pelos modernistas, no início do século xx. Frequentar uma forma morta seria, por definição, um caso de necrofilia. Porém Glauco Mattoso é um famoso e assumido podólatra, um adorador de pés. E de pés vivos. Talvez não seja, então, coincidência que ele reafirme, por ação e criação, a vivacidade do soneto, uma forma montada em pés (pois metrificada). Se tudo isso nos obriga a analisar a condição contemporânea do soneto (a fim de demonstrar que sua prática talvez não seja afinal idiossincrática ou extemporânea – ou necrofílica), temos, antes, de nos deter em nosso sonetista.

Glauco Mattoso foi, desde o começo, um poeta polimorfo. E um poeta "transgênero". Tornou-se justamente famoso, a partir do início dos anos 1980, por fundir o que várias poéticas da época juravam ser inconciliável – também como justificava de sua própria existência. Assim, as poéticas visualistas (de que a poesia concreta foi a mais notória) defendiam com unha e sangue a condição, bem, visualista da "verdadeira" poesia contemporânea – condenando ao limbo da irrelevância, do erro histórico ou da ociosidade todas as demais, como a poesia em versos (tardo)modernistas, a poesia "marginal"-contracultural, a poesia engajada etc. Glauco Mattoso ignorou tudo isso por não ignorar nada disso, e usar em sua poesia elementos de todas essas poéticas. Juntou, então, a "poesia de mimeógrafo", a arte postal e a poesia concreta (entre outras) no *Jornal Dobrabil*, exemplo possível de "arte poética total", impossível de classificar e difícil de descrever.

Chegava-me às mãos esparsamente, agora me chega em pequena coleção, um jornaleco de uma folha que se chama *Jornal Dobrabil*. [...] Vai do grego ao chulo. Um design gráfico antropofagicamente simples, econômico, criativo. E um texto – verbal e não verbal – simplesmente de rachar o bico. [...] Da diagramação ao texto, tudo ali é farra e bagunça de signos "corporais", se assim posso dizer (não há ilustração nenhuma) – como se a cultura inteira, o mundo inteiro, fossem traduzidos em termos Dadá-intestinais, Dadá-digestivos, Dadá-gestuais.[1]

O *Jornal Dobrabil* parecia de fato um jornal, pois feito para parecer um jornal, que era xerocado e enviado a "assinantes" pelo correio. Vinha encabeçado pelo nome do "periódico", trazia um expediente (com seus "colaboradores", como Glauco Mattoso; Pedro, o Podre; Pedro, o Grande; Pedlo, o Glande etc.) e "textos" organizados ou divididos em colunas. Mas nada era o que parecia. A começar das próprias letras das "manchetes". Pois não se tratava de nenhum tipo realmente existente. Explorando ao máximo os recursos da máquina de escrever, Glauco

---

1. Décio Pignatari. "Televisão dobrabil". In: *Signagem da televisão*. São Paulo: Brasiliense, 1984, p. 24-25.

Mattoso *construía* cada caractere, cada letra de cada palavra das partes propriamente gráficas de seu "jornal" (incluindo as separações das colunas), em escala, forma e detalhes precisos, utilizando outros sinais do teclado, como pontos, vírgulas, a letra *o* etc. Seu virtuosismo gráfico-visual, em muitos aspectos, era dos mais desafiadores do que então se fazia na poesia visual. Mas, como dito, nada era o que parecia. Boa parte do *Jornal Dobrabïl*, afinal, era uma sátira à própria poesia concreta. Mas tal sátira, "dobrando-se" sobre si mesma pela perfeição de sua realização paródica, acabou por produzir alguns dos melhores poemas concretos da poesia brasileira. A primeira conclusão é que Glauco Mattoso foi, por vias (muito) tortas, um poeta concreto. E dos melhores.

Porém Glauco Mattoso jamais perdeu a descompostura. A poesia do *Jornal Dobrabil*, num liquidificador de formas e referências que é a marca maior da arte pop, era também verbal. Pois se usava seus recursos de montagem de caracteres para criar perfeitos poemas visualistas, também o fazia para registrar poemas verbais de várias linguagens e vários estilos, do haicai ao soneto, passando pelo modernismo brasileiro – tudo amalgamado pelo cimento ácido da sátira, da paródia e da ironia. Para não falar de aspectos "marginais" e "contraculturais", como a temática sexual, as palavras chulas e os múltiplos sentidos, numa mistura incomum entre Mallarmé e Millôr, entre a liberdade construtivista da palavra "industrial" da modernidade (como nas manchetes de jornal, na publicidade e no poema inaugural dos modernismos, *Un coup de dés*) e a derrisão mais iconoclasta. Se isto o aproxima de certa *postura* pop, de fato o afastava dessa linguagem pelo próprio repertório lançado em seu grande liquidificador do repertório de formas poéticas da modernidade (e além). A poética polimorfa e polissêmica do *Jornal Dobrabil* se desdobraria na *Revista Dedo Mingo* para então entrar numa nova fase, dominada pela uniformidade verbal da forma soneto.

Fascinado com o desvario, calibre, engenho & arte, tudo embrulhado em grosso manto de perfídia e desespero, respondi a algumas provocações de Glauco, que ele publicava e estimulava. [...] Cultura enciclopédica delirante – sabe exatamente tudo –, domínio safado de várias línguas, entre elas o Volapuque e o Gujarati, despudor diante de todas as glórias, embora a amplitude e a qualidade de sua produção sejam um contraditório, Glauco já nasceu pronto, ainda que nem ele nem eu soubéssemos disso, no *Jornal Dobrabil.* [...] Mas o *Jornal Dobrabil* foi só o início. Depois veio o ensaio-deboche sobre o trote, a erudição léxica do dicionário de palavrões inglês-português, até a glória atual dos sonetos, camonianos, perfeitos como técnica, transbordantes de ideias, nojentos como temática [...], pura literatura, [...] minuciosa, exagerada, buscando o fígado do leitor. Cada palavra de Glauco Mattoso é uma reverberação. Não há como ultrapassá-lo.[2]

A razão da migração de uma poética multiforme e construtivista para uma forma fixa e puramente verbal foi pragmática. Amarissimamente pragmática: o poeta glaucomatoso, que conviveu a vida inteira com sua doença sem jamais se render a ela, antes lhe rendendo "homenagem" ao transformar a condição em nome artístico – além de desafiá-la ao praticar uma arte visual e detalhista –, acabaria completamente cego. Mas a cegueira não acabaria absolutamente com o poeta.

Glauco Mattoso foi desde sempre um conhecedor da tradição poética, que jamais se contentou com qualquer modismo linguístico. Daí ter podido frequentá-los to-

---

2. Millôr Fernandes. "Glauco, onde estiver". In: *Apresentações.* Rio de Janeiro: Record, 2004, pp. 229-231.

dos pelo viés da (des)apropriação, da síntese e da sátira, tornando-se de certa forma, pela contramão, o poeta moderno mais completo da poesia brasileira. Daí, também, poder migrar para uma poética não mais baseada em qualquer visualidade ou suporte gráfico, mas inteiramente na verbalidade e na memória, quando o glaucoma congênito afinal lhe roubou totalmente a visão.

O caminho que levaria Glauco Mattoso a se tornar o grande sonetista brasileiro contemporâneo e, se esta opinião não estiver errada, um dos grandes sonetistas da literatura em língua portuguesa, integra a história das formas, que é a história da arte, à sua história de vida. Mas isto só foi possível porque a limitação física se impôs a uma enorme força criativa alimentada por um vasto conhecimento do ofício – capaz, então, de escapar da limitação, do cerco, do impedimento, ao transformá-lo em mero redirecionador.

O soneto, por sua subestrutura formal, apesar de sua origem no início da Idade Moderna, remete à própria origem da linguagem poética, que é anterior à escrita. Daí as recorrências formais (palavras semelhantes [rimas]) e temporais (ritmos) que a caracterizam: elas tornam o texto poético, originalmente oral, memorizável. O soneto é uma estrutura, mais ou antes do que uma forma – e essa estrutura é um forte substrato mnemônico.

Pode-se representar o soneto por um conjunto de algarismos e letras, em que os algarismos são as sílabas (num total de 10, para versos decassílabos, ou unidade discreta de 10 sílabas), enquanto as letras são as rimas (ou elementos sonoros recursivos finais), enquanto os negritos marcam as tônicas obrigatórias (aqui, trata-se do soneto clássico italiano):

1 2 3 4 5 6 7 8 9 A
1 2 3 4 5 6 7 8 9 B
1 2 3 4 5 6 7 8 9 A
1 2 3 4 5 6 7 8 9 B

1 2 3 4 5 6 7 8 9 A
1 2 3 4 5 6 7 8 9 B
1 2 3 4 5 6 7 8 9 A
1 2 3 4 5 6 7 8 9 B

1 2 3 4 5 6 7 8 9 C
1 2 3 4 5 6 7 8 9 D
1 2 3 4 5 6 7 8 9 C

1 2 3 4 5 6 7 8 9 D
1 2 3 4 5 6 7 8 9 C
1 2 3 4 5 6 7 8 9 D

Tudo isso torna o soneto particularmente memorizável e mentalmente "visualizável" – a linguagem talvez ideal para a ideação silenciosa. Daí não se tratar de um caso único (Jorge Luís Borges foi outro sonetista cego contemporâneo).

Mas esse novo sonetista era, afinal, o mesmo Glauco Mattoso de antes, ou seja, o virtuose da linguagem poética que produziu sozinho, utilizando apenas o aparentemente limitado aparato mecânico da máquina de escrever, uma poesia visualmente mais complexa, bem vistas as coisas, do que outros fariam com muito mais recursos, da Letraset ao computador. Daí não ser difícil entender que pudesse se transformar num virtuose do soneto, a forma afinal escolhida para realizar sua poesia na contramão de sua própria arte anterior: da máxima liberdade formal e experimental à delimitação incontornável de uma forma fixa verbal. O resultado seria a reafirmação e a atualização das potencialidades da forma soneto, tão ilimitadas em seu campo de 14 linhas quanto o xadrez em seu tabuleiro de 64 casas.

O SONETO MORREU: VIVA O SONETO

Provavelmente, no calor da hora revolucionária, os modernismos cometeram um de seus maiores equívocos ao apontar o soneto como a epítome da poesia morta. Eles o necessitavam morto, para afirmar a vitalidade compensatória de sua nova linguagem, baseada não em uma nova forma, mas em uma nova liberdade formal. Mas pode-se facilmente confundir um desejo com um fato, quando o fato contradiz o desejo. Bastaria lembrar o nome de Vinicius de Moraes para comprová-lo (não bastasse o de Borges).[3]

Mas apesar de evidências posteriores em contrário, depois dos modernismos, as formas fixas e, em especial, a mais notória delas, foram postas em questão para, em seguida, serem atiradas no limbo das coisas condenadas pela história, como uma espécie de espartilho do corpo poético, que um poema moderno jamais poderia voltar a vestir. O mesmo se deu, nas artes plásticas, com a figura-

---

3. "Como de cera / E por acaso / Fria no vaso / A entardecer // A pera é um pomo / Em holocausto / À vida, como / Um seio exausto // Entre bananas / Supervenientes / E maçãs llanas // Rubras, contentes, / A pobre pera: / Quem manda ser a?". Há neste soneto de Vinicius (*A pera*, 1948) todo o aprendizado do alto modernismo, ou seja, o tema não "poético", o vocabulário seco, substantivo, a dicção direta, os versos curtos em tetrassílabos (logo, o ritmo acelerado), a ausência do eu lírico, os cortes abruptos ("À vida, como"), a polissemia (esse mesmo "como", conjunção que no contexto evoca o verbo comer), a rima incomum ("pera / ser a") e o coloquialismo ("Quem manda ser..."), além das lições dos "objetivistas" norte-americanos.

ção e, em seguida, com a própria pintura, e com a música tonal, e com... Mas afinal a cultura contemporânea acabaria por se revelar uma "matadora" dos profetas da morte das coisas. Pois ela demanda e permite, por vários mecanismos, a multiformidade, a multiplicidade, a escolha. É uma cultura de inovação mas, também, de preservação, inclusive através e por causa dos novos meios. Tudo se transforma, nada se perde. Ironicamente, uma das poucas coisas a ter se tornado de fato ultrapassada foram os profetas do novidadismo, mortos com a morte das vanguardas. Portanto, algumas coisas afinal morreram. Mas foram poucas – como a máquina de escrever, os afiadores de faca de rua e as vanguardas artísticas, decretadoras da validade exclusiva do novo e da desvalidação necessária do antigo.

É compreensível: tanto que os velhos vanguardistas decretassem a morte de tudo, quanto que agora não se decrete mais a morte de nada.

NOSSA ÉPOCA É UMA ÉPOCA INDUSTRIAL. / TAMBÉM A ESCULTURA DEVE CEDER SEU POSTO / À SOLUÇÃO ESPACIAL DO OBJETO / A PINTURA NÃO PODE RIVALIZAR / COM A FOTOGRAFIA / O TEATRO É RIDÍCULO EM UMA ÉPOCA / QUE PRODUZ AS EXPLOSÕES DAS "AÇÕES DE MASSA". [...] A ARTE ESTÁ INDISSOLUVELMENTE LIGADA: / À TEOLOGIA / À METAFÍSICA / À MÍSTICA. / A arte nasceu no âmbito de culturas primitivas [...] / MORRA A ARTE.[4]

A quantidade de manifestos artísticos do século xx é infindável, mas todos possuíam certas características comuns, aqui bem representadas: pretendia-se identificar e afirmar a "característica fundamental" da época

---

4. Alexei Gan. "Constructivismo" [1922]. In: Miguel Antonio Buzzar, *João Batista Vilanova Artigas – elementos para a compreensão de um caminho da arquitetura brasileira*, 1938-1967. São Paulo: Senac/Unesp, 2014, p. 24.

("NOSSA ÉPOCA É UMA ÉPOCA INDUSTRIAL" – o uso das maiúsculas é uma tradução gráfica da certeza revolucionária), e, a partir dela, derivar automática e inquestionavelmente o que era correto ou necessário fazer ("A ESCULTURA DEVE CEDER SEU POSTO" [para objetos industriais, pois a primeira era fruto do "individualismo burguês"]; "A PINTURA NÃO PODE RIVALIZAR COM A FOTOGRAFIA" [pelo mesmo motivo]). Na poesia, o que deveria morrer eram as formas fixas, em especial o soneto.

Nascido no final da Idade Média, ele expressaria em sua ordenação e em sua forma regular e retangular ideias e ideais metafísicos de origem platônica, ligados à "proporção áurea" da Antiguidade, por sua vez apropriada, com o próprio platonismo, pela Igreja e pela arte produzida sob seu escudo estético-ideológico. Com o fim da Idade Média e o advento da "modernidade burguesa", o soneto teria se transformado (depois de outras mutações de sentido, pois não de forma, ao longo de sua extensa história) em instrumento e exemplo do conservadorismo e da ociosidade da burguesia, por esta usado e abusado, em fins do século XIX, como "recreação estética" e afirmação de cultura e sofisticação, logo, de posição social (para não falar da própria "manutenção da ordem", por razões óbvias: afinal, trata-se de uma forma tão fixa quanto ordenada).

Tudo isso é de algum modo verdade. O que é inteiramente falso é tratar a história da arte como um silogismo, como uma proposição lógica: se "nossa época é uma época industrial", logo, morra a escultura (ou a pintura, ou o soneto, ou a arte). Afinal, deu-se que, se esta época é de fato uma época industrial, isto significa possuir características novas em relação às sociedades agrárias que na verdade *possibilitam*, por exemplo, no campo da escultura, o surgimento antes impensável dos móbiles de Alexander Calder (que podem, se se quiser, ser vistos como tradução da instabilidade ou insegurança congênita da sociedade capitalista, em que "tudo o que é sólido se desmancha no ar", para citar Marx, ou outra coisa qualquer: a crítica de arte não é uma ciência, mas, na melhor hipótese, opinião informada). Móbiles cujo surgimento significa, em todo caso, o exato oposto da impossibilidade de Calder "expressar sua individualidade burguesa" usando materiais e ferramentas industriais.

Mas além de a história da arte não ser um silogismo, o motivo mais forte para a sobrevivência do soneto (e de outras formas tradicionais, como a estrofe de quatro versos) é que, apesar de tudo, nada nele o torna fundamentalmente distinto de outras formas poéticas – incluindo as livres. A modernidade "essencial" destas é, em grande parte, uma questão de ponto de vista, ou mais precisamente, de tempo de vista.

Pois não há, na verdade, diferenças radicais, ou seja, de raiz, entre as formas poéticas fixas e as formas livres: todas se baseiam, necessariamente, na mesma "recursividade discreta" que caracteriza ou determina a linguagem poética.

A poesia [ao contrário da prosa, que é linear] é um discurso recursivo. Ao ser recursiva, ao retomar ou reiterar seus elementos, ela é também necessariamente discreta, por interromper o fluxo de palavras com e para o ressurgimento, a recorrência, de um elemento qualquer. Discreto significa comedido, pequeno – "feito de unidades distintas", ou seja, descontínuo, e, em termos propriamente linguísticos, aquilo "que se junta a outros na cadeia falada sem, contudo, perder a individualidade" (Houaiss). Cada grupo de palavras adquire a condição de uma pequena unidade, que se junta a outras unidades numa cadeia – o que afinal determina sua estrutura, isto é, sua sintaxe. Pois cada novo passo não repete simplesmente o anterior, como num mantra, mas recaptura informações prévias, numa interdeterminação, ou motivação, dos elementos formais e semânticos. [...] Todas as notórias figuras sonoras da poesia, como rima, aliteração, assonância, paronomásia, além das figuras de ritmo como a métrica, e ainda as figuras de estrutura como as estrofes, são formas de recorrência. E ao incidir sobre o fluxo linear-temporal da linguagem verbal, tornam-na discreta. São também, portanto, formas de discrição.[5]

Saindo da forma para voltar à história, se hoje (quase) não se decreta mais a morte de nada (o livro e o "autor", assim entre aspas, têm sido alvos frequentes de diagnósticos terminais), é porque não se pode, de fato, viver indefinidamente de questionamentos (que o digam os cadáveres das vanguardas). Na vida, como na arte, é preciso eventualmente afirmar algo. E na arte, o que se afirma é sempre uma forma (conceitos embasam necessariamente a criação e a recepção da criação, mas não podem substituí-la).

O que não significa que se afirme somente uma forma. Pois fora os casos de exceção, que são exceção, como a pintura abstrata (ou separada [de uma referência]; do latim *abstrahere*, separar), as artes em geral, e as artes verbais em particular, são sempre referentes (portanto, semânticas): referem-se a algo além de si mesmas, o que lhes determina seus possíveis significados. Como uma mancha de tinta, uma nota musical também é abstrata, e portanto assemântica, pois não tem ou se remete a qualquer significado além de si mesma. Uma palavra, porém, nunca é abstrata ou assemântica. Palavras têm signifi-

---

5. Luis Dolhnikoff, "A razão da poesia". In: *Eutomia – revista de literatura e linguística*, Recife, Universidade Federal de Pernambuco, nº 9, jul. 2012, p. 184 (acessível em <http://goo.gl/BIcuy4>).

cados (aquilo a que se referem). Nem abstrata nem assemântica, "forma e conteúdo", para usar a expressão popular, ou significante e significado, são inevitáveis em qualquer arte verbal. Daí não haver literatura abstrata.

A conclusão é que o soneto, se não está morto, pode ser tanto mais "vivo" ou ter tanto mais vivacidade quanto mais consciência tiver de sua condição verbal-referente.

Todo poema versa sobre algo. Essa estrutura formal e semântica, ou *morfossemântica* (enquanto a música instrumental, em contraexemplo, é morfo*assemântica*), impõe que as relações formais, como rimas, ritmos, estrofações etc., sejam ou interdeterminadas, ou intermotivadas, assim como as relações semânticas e, por fim, as próprias (inter)relações morfossemânticas. Dois versos do maior sonetista da língua portuguesa tornam as coisas mais claras:

> Vede-o no vosso escudo, que presente
> Vos amostra a vitória já passada.

A "vitória já passada" é a da batalha de Ourique, em 1139, com a qual o conde D. Afonso Henriques inicia uma série de vitórias contra os reis mouros ao sul de seu território. [...] O escudo português homenageia desde então a batalha. É sob esse escudo, portanto, que, no "presente" do século XVI a que se referem estes versos de Camões, devem se dar as novas vitórias contra os mouros. Ocorre que a conotação de presente como dom, regalo, dádiva, em paralelo à conotação temporal, existe em português desde o século XIII. E é para essa conotação que apontam, no primeiro verso, o verbo ver e a substantividade de escudo, para ela ser afinal plenamente realizada pelo *enjambement* [corte], ao criar a quase-exclamação "que presente". Em prosa, os dois versos seriam apenas uma frase: "Vede-o no vosso escudo, que presente vos amostra a vitória já passada". E a frase teria um só significado, o do presente previsto pelo passado. Com o *enjambement*, insere-se uma polissemia, criam-se frases ("que presente") e significados que não existem e não podem existir em linguagem prosaica, como as cores de uma paisagem inexistem num desenho a grafite: a "vitória passada" torna-se um presente dado por D. Afonso a seus herdeiros no trono português, a que eles devem fazer jus com vitórias no presente.[6]

O POETA DE MUITOS SONETOS

Os milhares de sonetos de Glauco Mattoso, mantendo a lição do *Jornal Dobrabil* ("como se a cultura inteira, o mundo inteiro, fossem traduzidos em termos Dadá-intestinais, Dadá-digestivos, Dadá-gestuais", para lembrar as palavras de Pignatari), formam uma espécie de diário poético da época. Pois além dos temas preferenciais do autor, em que se destacam a adoração por pés, a cegueira e suas circunstâncias, o homossexualismo e a submissividade sexual, tudo e todos (e todas as formas) são alcançados pela elaboração poética, de fatos históricos, culturais, estéticos, políticos, econômicos e sociais a fatos circunstanciais. Nas mãos de um poeta mais fraco, isto significaria reduzir a forma soneto ao seu arcabouço formalmente neutro, uma moldura, grade ou caixa que pode ser preenchida com o "conteúdo" que se queira. Ironicamente, foi o que aconteceu com a criação mais importante da revolução modernista em poesia, o verso livre, hoje diluído, como regra, em um prosaísmo frouxo, feito de frases recortadas aleatoriamente e margeadas à esquerda, para ter algum aspecto "poético" (à falta perfeitamente prosaica de elementos de recorrência poética significativos). Não é o caso dos sonetos de Glauco Mattoso, ao contrário, cuja consciência e maestria construti-

---

6. Ibidem, pp. 181-82.

vistas (assim como o ácido de seu humor e a amplitude de seus recursos métricos, metafóricos, paródicos, imagéticos, vocabulares, rímicos, rítmicos etc.) não precisam ser postas à prova, pois o foram acintosamente desde o início, com o voraz virtuosismo que preenchia literalmente cada página do *Jornal Dobrabil* ("O *Dobrabil* foi só o início. Depois veio [...] a glória atual dos sonetos, camonianos, perfeitos como técnica, transbordantes de ideias [...]. Cada palavra de Glauco Mattoso é uma reverberação" [Millôr]).

Isso não impede, ao contrário, que em sua vasta produção sonetística haja momentos mais altos e, portanto, outros menos, como consequência da própria opção de fazer do soneto a forma constante (mas não invariável) de uma matéria ou temática poética igualmente vasta – além de vastamente variável. O caso mais próximo que vem à mente é o do maior haicaísta brasileiro, o pernambucano Pedro Xisto. Se Glauco Mattoso foi um grande poeta concreto malgrado ele mesmo, Pedro Xisto foi um dos principais poetas concretos "oficiais", o "quarto mosqueteiro" do grupo central do concretismo. E assim como a obra de Glauco Mattoso se divide entre o radical "experimentalismo" paródico do *Jornal Dobrabil* e o soneto, a obra de Pedro Xisto divide-se entre alguns dos mais importantes poemas concretos e o haicai – forma tão tradicional na arte nipônica quanto o soneto na ocidental (apesar de algumas tentativas vãs de transformar "por decreto" o haicai no máximo da modernidade, enquanto, no mesmo "decreto", condenava-se o soneto como o máximo do arcaísmo). Por fim, ambos souberam igualmente "fluidificar" os temas das respectivas formas fixas, tanto no sentido da amplidão temática quanto no de sua adequação.

Glauco Mattoso fez aqui um recorte temático estrito, ao selecionar de sua vasta sonetística estes 100 sonetos: os do tema mais explicitamente sexual. Demonstra-se assim, entre outras coisas, que a literatura contemporânea sobre sexo não está condenada a se limitar a prosaicos tons de cinza, mas pode ter todas as cores da linguagem poética mais forte, atualizando a longa tradição da poesia fescenina, que remonta aos poetas latinos e passa por Bocage e Gregório de Matos para desaguar em Glauco Mattoso, o mais pornográfico dos grandes poetas brasileiros, ou o mais poético dos grandes pornógrafos idem. Em todo caso, pornografia se torna a rima mais perfeita para poesia. E vice-versa.

PORCARIA SEM PERFUMARIA (I) [5047]

Sejamos francos: sexo é sujo. A picca
é suja. Uma boceta é tambem suja.
Fodeu o dicto cujo a dicta cuja?
Junctou sujo com sujo: justifica.

Tambem no cu metter, si alguem fornica
assim, é muito sujo. Sobrepuja,
porem, qualquer sujeira quem babuja
de lingua num caralho ou numa crica.

Beijar, bocca com bocca, eu não confundo
com sexo oral: embora troque baba,
a bocca não desceu ao mais immundo.

Mas quando aquelle mesmo pau que enraba
penetra numa bocca, faz, no fundo,
alguem se emporcalhar: no lodo accaba.[7]

---

7. A numeração dos sonetos corresponde à numeração geral na obra do autor.

PORCARIA SEM PERFUMARIA (II) [5048]

Verdade seja dicta, então: a graça
do sexo oral consiste mesmo nisso,
sujar-se ao practicar um vil serviço.
A scena, por ser suja, é que é devassa.

Tentar amenizal-a, pois, não passa
de inutil camuflagem. Não me ouriço
sabendo que elle faça esse postiço
papel de "bem lavado", ou que ella o faça.

A graça está em vencer essa barreira
do nojo, em obrigar-se ao humilhante
contacto, via oral, com tal sujeira.

Portanto, é natural que o pau levante
si um sadico na bocca foder queira
de alguem que casto e puro ser garante.

Uma das primeiras coisas a se notar é a retroimpregnação (para usar um palavrão) da forma com a grafia. O soneto é uma forma antiga. Antiga é a poesia em língua portuguesa. Antiga (na verdade, arcaizante) é então a grafia de Glauco Mattoso. Um de seus efeitos é adensar o arco histórico a que essa poesia remete – no sentido oposto ao novidadismo, bem, de outrora. Portanto, mais uma vez, Glauco Mattoso opera por um paradoxo, como aquele de fazer perfeita poesia concreta pela sátira à própria. Mais importante, a grafia arcaizante gera nestes sonetos um atrito, digamos, interno com a temática, o vocabulário e a sintaxe contemporâneos, depois que estes tinham sido já amoldados à forma fixa. "Sejamos francos: sexo é sujo. A pica / é suja. Uma boceta é também suja. / Fodeu o dito cujo a dita cuja? / Juntou sujo com sujo: justifica". A linguagem é direta, quase coloquial, apesar da trama sonora e das rimas ricas como *pica-justifica* e *suja-*

-*cuja*. Daí vem a pista para a grafia, que é também sonoridade: não se trata de verdadeira escrita arcaica, mas de uma paródia, posta a serviço da densidade sonora. Daí a versão original destes quatro versos ter muito mais atritos sonoros do que a versão "limpa" acima: "Sejamos francos: sexo é sujo. A *picca* / é suja. Uma boceta é tambem suja. / Fodeu o *dicto* cujo a *dicta* cuja? / *Junctou* sujo com sujo: justifica". O campo sonoro do poema é marcado e/ou determinado pela aspereza e pela "espessura" de suas consoantes recorrentes, *s, j, f, x*, reforçadas pela predominância da vogal fechada *u*. O uso de novos *cc* em *dicto, dicta, junctou*, cria um som, $k(i)t$, que é uma versão mais seca de *x* ($x[i]s$), além de aumentar a aspereza geral pelo aumento do número de consoantes (que são estruturais), e particularmente pela ocorrência de encontros consonantais. O campo sonoro do poema, enfim, fica mais áspero, mais "sujo".

Se a pornografia tem uma característica fundamental, é que se trata de uma forma de fetichismo. Pode-se dizer que a pornografia é a fetichização do corpo em si, ou seja, sem que ele precise ser substituído por um objeto. A fetichização do corpo pela pornografia opera, então, pela despersonalização e pela divisão funcional do corpo. Na situação habitual, uma mulher deixa de sê-lo para ser um corpo desejável, corpo que o é por seu conjunto mas, principalmente, por suas partes: essa bunda, essas pernas, esses peitos. Pode-se fazer um filme pornô sem mostrar o rosto da atriz. Mas não ocultando suas outras partes, ao contrário, sempre necessariamente enquadradas (recortadas) repetidas vezes e de várias formas. Daí alguns sonetos pornográficos de Glauco Mattoso poderem ser ditos hiperpornográficos, ao operarem tais mecanismos em seus mais nítidos recortes: "Mas quando aquelle mesmo pau que enraba / penetra numa bocca...". Notar o reforço semântico do *enjambement* (ou "corte [do verso] por encavalamento"), ao incidir em "enraba / penetra", e a pura pornografia (como funcionalidade imagética) dos recortes "pau que enraba" e "penetra numa boca" (em comparação, "penetra na boca dela" seria menos pornográfico). Isto dito, a hiperpornografia de Glauco Mattoso é normalmente posta a serviço de uma compreensão, de uma intelecção, de uma descrição ou de uma narração. E, sempre, da linguagem. Assim, seguindo esta estrofe, há a ocorrência de duas marcantes polissemias: "Mas quando aquelle mesmo pau que enraba / penetra numa bocca, faz, no fundo, / alguem se emporcalhar: no lodo accaba": "faz, no fundo" significa, ao mesmo tempo, "em verdade" e "em profundidade"; "no lodo accaba" diz, simultaneamente, que o sujeito ali termina, que ali ele "se acaba" e que termina ali a ação.

Uma ação que se inicia, na verdade, na língua, isto é, na linguagem. E que nela, afinal, culmina:

> Officio do orificio, a foda irá,
> fechando e abrindo, aonde a vogal va.

Poesia vaginal

SONNETTO BOCETEIRO [309]

Pequenos, grandes labios, um clitoris.
Pentelhos. Secreção. Quentura molle,
que envolve meu caralho e que o engole.
Não saio até gozar, nem que me implores.

Diana. Dinorath. Das Dores. Doris.
Aranha. Taturana. Ovelha Dolly.
Pelluda, cabelluda, ella nos bolle
na rola, das pequenas às maiores.

Boceta existe só para aguçar
a fome dos caralhos em jejum.
Queremos bedelhar, fuçar, buçar!

Agora não me fallem do bumbum!
Do pé tampouco! Vou despucellar
o buço dum cabaço, acto incommum.

SONNETTO DA NYMPHETA [374]

Dedico-te esta dadiva, ó Dolores,
musa divina, diva doidivanas!
Recebe de presente estes sacanas
bichinhos de pellucia chupadores!

Serão teus companheiros quando fores
brincar de bestialismo. Sem as xanas
de tuas amiguinhas ou das manas,
te sentes tão sozinha e tens tremores!

Coitada da Dolô! Quem dera fosse
dotada duma mansa passarinha!
Mas não! É uma nymphomana precoce!

Ja desde pequenina se entretinha
em jogos. Ao invez da bala doce,
chupava e era chupada na tetinha.

SONNETTO DISCIPLINADO [707]

(a Bella, a Sarah, a Laura, a Barbara)

Mulher sabe mandar: quando domina,
um homem a seus pés rebolla e dansa
bonito! A femea altiva não descansa
até que humilhe a raça masculina!

A bota tem a poncta aguda e fina,
e o salto o pé lhe encurva à semelhança
dum arco triumphal! Emquanto admansa
o macho, ella lhe appoia essa botina!

Ordena-lhe que lamba e, si preciso,
applica-lhe a chibata sem reserva!
O cara eguala a lingua ao sujo piso!

Um outro macho, rindo, a scena observa:
é della o companheiro, e seu sorriso
suggere que a mulher lhe seja a serva...

SONNETTO DA LUXURIA [832]

Pensei que insaciavel era a puta
que fode por prazer, mais que por grana!
Que nada! Um velho ainda é mais sacana
e nunca satisfaz a rola hirsuta!

Na foda, pela lingua elle permuta
a fragil erecção: o odor que emana
da velha sem pudor na suja xana
lhe dá mais appetite que uma tructa!

Assanha-se o ancião quando a consorte
tem cocegas por dentro! Então chupita
o caldo que, excorrendo, fede forte!

Qual sopa, cha, nem succo! Resuscita
aquelle exhausto membro, em grande porte,
o gosto da sardinha antes de fricta!

SONNETTO LUBRICO [1078]

Num velho pornofilme de segunda,
a Linda Lovelace engole inteiro
um penis bem maior que o costumeiro
e mostra ter garganta assaz profunda.

Mais facil que na vulva ou numa bunda,
o pau entra todinho: é que, primeiro,
penetra até a metade e, então, bueiro
se torna a bocca, e nella a rola affunda.

Depois a gente soube que na marra
a actriz tinha actuado. O que se nota
na hora é a cara agonica e bizarra:

Narinas enche o ranho; mais que xota
molhada o suor jorra; da boccarra
excorre baba... e porra, si ella arrocta.

SONNETTO SADOMITA [1105]

O coito anal é o symbolo mais vivo
do sadomasochismo, pois, emquanto
gargalha quem penetra, resta o pranto
àquelle que assumiu papel passivo.

Na mesma proporção em que me privo
do maximo prazer e me quebranto
em dores, sei que um penis eu levanto
com meu gemido agonico e afflictivo.

O macho que cavalga-me e me enraba
questão não faz siquer de vaselina:
eu mesmo o pau lhe unctei com minha baba!

Colloca-me de quattro, de menina
me chama emquanto fode e, assim que accaba
e esporra, ainda em minha bocca urina!

SONNETTO DO PEGA-P'RA-CAPPAR
[1194]

Disseram que meu medo duma aranha
é medo de boceta! Fosse assim,
qualquer pessoa, tendo pingolim
ou não, uma xoxota achava extranha!

Peor: até mulher jamais se accanha
de panico sentir com o que, em mim,
provoca calafrios! Mas, emfim,
quem é que, nesse horror, não me accompanha?

Só mesmo quem não teve nunca a chance
de estar pertinho duma cabelluda
se gaba de que, frente a frente, advance!

Machões me contam que isso ninguem muda...
Duvida da tarantula? Então danse,
ao som da tarantella, a dor aguda!

SONNETTO DO BAPTISMO DE FOGO
[1231]

Será treinada para chupar picca,
assim determinou a auctoridade
local de occupação. Nem mesmo Sade
podia imaginar o que se applica...

A presa é coreana. Mulher, rica
ou pobre, num quartel, faz a vontade
da tropa: à fellatriz resta que aggrade
ao joven japa, às ordens de quem fica.

Revezam-se os soldados. Ella abbaixa
o rosto, vê o caralho rude e duro,
mas virgem, e na bocca o adjusta e encaixa.

Quem goza, agora altivo, tem futuro
bem longo pela frente (mesma faixa
etaria de seu filho), e era inseguro...

SONNETTO DA FUGA SUBITA [1249]

Cagava a nymphetinha quando, rente
ao vaso sanitario, a enorme aranha
do pé se lhe approxima. Muita manha
tem feito a adolescente, ultimamente.

Recusa-se a comer, a boba, crente
que assim mantem a forma. Nem se accanha
ao ver-se pelladinha e, mal se banha,
desfila e posa, dum espelho em frente.

Agora, sentadinha na privada,
esquece, por um tempo, seu corpinho,
e esforça-se em cagar, compenetrada.

A aranha, cujo pello é como o espinho,
lhe roça a pelle! Corre, inda pellada,
e excorre-lhe o cocô pelo caminho...

SONNETTO DO CLIENTE EXIGENTE
[1261]

O pau pode ser sujo, mas a bocca
precisa sempre estar muito limpinha.
Assim pensa o cliente, que espezinha
a puta chupadora, e nem se toca.

Não quer elle saber si ella é masoca;
importa é receber a chupetinha
completa, no capricho, como a minha
no pau de quem enxerga e me provoca:

"Então, ceguinho? A bocca tá lavada?
Não quero bocca suja no meu pau!
Sujeira, basta a minha!" E dá risada.

E emquanto elle desfructa e geme um "Uau!",
eu lavo com a lingua uma ensebada
piroca, supportando o cheiro mau.

SONNETTO DA ESPORRADA DESFORRADA
[1356]

Pegaram-no as meninas na cilada
e delle se vingaram! Cada uma
aptou-lhe o braço, a perna: agora nada
impede que o commando a turma assuma!

Fodera o garanhão a namorada
de cada "bom rapaz" que ao local rhuma
a fim de desforrar: uma porrada
o joga ao chão! De raiva o cara espuma!

Meninas e rapazes dão, com gosto,
pisões e ponctapés naquelle rosto
que nova humilhação conhescerá:

Chupado, cada qual, por sua "mina",
esporram-lhe na bocca, e nella urina
um delles, que vingado agora está!

SONNETTO DA PHANTASIA SEXUAL
[1410]

Perguntam-me si, perto dos sessenta,
na cama a gente ja a brochar começa.
Respondo que a piroca ainda aguenta,
mas, quando accaba, nunca recomeça...

Mais liqüida a descarga se appresenta
e noto estar gozando mais depressa.
O tempo de intervallo agora augmenta.
Não ha, porem, razão que o gozo impeça...

Em duas situações, a picca dura
me fica num instante, e assim perdura:
si sonho ou si um politico se fode...

No sonho, lambo pés e chupo picca,
e, quando a vida delles se complica,
na bronha elles são cabras e eu sou bode...

SONNETTO DO CORNO ASSUMIDO [1440]

Amigo meu, que é corno, justifica:
"Melhor é dividir a doce canna
do que chupar sozinho a mexerica
azeda..." E assim, sorrindo, elle se damna...

E quanto à tal doçura? Chupa a picca
dos dois? E chupará com egual gana?
Eu ca ja sou mais practico: quem fica
com ella é meu rival, que é mais sacana...

Assumo, alem de corno, que sou macho
de menos: antes della, ja me agacho,
tractando de chupal-o e preparal-o...

Depois de desfructal-a, satisfeito,
o cara inda me manda, que eu acceito,
servir-lhe um cafezinho no intervallo...

SONNETTO DO GENTIL SERESTEIRO
[1463]

Amada Clara, minha amada Clara,
em versos cantarei a tua cara!
Amada Beatriz, tu, Beatriz,
verás que cantarei o teu nariz!

Querida Conceição, canto-te a mão!
Querida Nazareth, canto-te o pé!
De ti canto, Raymunda, como não
podia me ommittir, a bunda, né?

Cantei, da Julieta, a bocetinha,
e o cu cantei tambem, da Luluzinha...
Nem fallo das mammonas da Ramona!

Cantei, por ser pequena, a Magdalena
e, fina, a Josephina, mas a pena
nem vale o amor cantar à minha dona...

SONNETTO DO TROVADOR PROVOCADOR
[1464]

Accorda, minha amada, que te espero
debaixo da janella! Mas ruido
não faças, que teu mano é mui severo
e, caso me descubra, estou fodido!

Tambem, meu bem, a outra fui sincero
e estive-lhe à janella... Mas bandido
é seu troncudo irmão, e aqui nem quero
lembrar quando pegou-me, alli, despido...

Ao ver-me assim exposto, o marmanjão
me fez logo chupar e, como não
bastasse, me enrabou sem piedade!

Por isso, meu amor, toma cuidado,
pois, si teu mano pega-me pellado,
Deus sabe la o que eu faça que lhe aggrade...

SONNETTO DA CANTIGA DE AMOR [1512]

"Filhinha, amor, vem ca. Só pro papae,
amor, me conta aonde foste tu
passar a madrugada! Conta, vae!"
"Ah, papaezinho, va tomar no cu!"

"Filhinha, onde estiveste a noite toda?
Com quem saiste, amor, algum velhaco?
Não temes, meu amor, que alguem te foda?"
"Ah, foda-se, papae, não me encha o sacco!"

"Não 'falla' assim commigo! Filha minha
não pode se portar como gallinha!"
"Ah, chega disso, pae! Que coisa chata!"

"Mais uma, e te arrebento de pancada,
ouviste? Vaes ficar descadeirada!"
"Ah, jura, pae? Me batte? Ah, va, me batta!"

SONNETTO DA FUTEBOLINA [1529]

Alem da puta simples, sem mania,
da "groupie", da Maria Gazolina,
tambem se faz menção à tal Maria
Chuteira, que commigo algo combina...

Só fico imaginando o que faria
quem usa dessa alcunha nada fina
a sós com algum craque que sacia
na dicta seus desejos de bolina...

É claro que as chuteiras lhe descalça
a puta, cuja pose não é falsa
na scena em que cafunga na canhota...

Não tenho a menor duvida que o craque,
embora um gol no campo não emplaque,
lhe mette o pé na bocca e o pau na xota...

SONNETTO DA MULHER NUA [1609]

Tirou a roupa toda e, como não
bastasse, pelo predio foi andar.
Ficou chamada, como na canção,
a "pelladona do primeiro andar"...

Morava era no quincto, mas tesão
causava desde o terreo ao patamar
dos ultimos degraus, e com razão:
mulher tão boazuda anda a faltar...

Assim, quando ella tira a roupa e sae,
pagando uma promessa, chama o pae
o filho, para vel-a, e a mãe a filha...

Passeia a moça nua e, então, se veste
de novo... E todos, do poder celeste,
indagam por qual graça ella se humilha...

SONNETTO DO SEXO LIMPO [1611]

Aseptico, asseado, elle, comtudo,
exige da mulher que sempre venha
chupar-lhe o pau lavado. É caralhudo,
e esforço cabe à bocca, que se empenha...

Ainda que a hygiene seja um mudo
accordo, quando a docil bocca ordenha
a porra do subjeito, algum miudo,
minusculo sebinho alli se embrenha...

Ou, quando não é sebo, é o proprio mijo
que deixa seu cheirinho nesse rijo
cacete a ser mammado longamente...

Coitada da mulher! Finge que approva
o asseio do marido, mas escova
com cremes perfumados o seu dente...

SONNETTO DO COITO NA PENUMBRA
[1627]

Em pleno "frango assado" está o casal.
A xota, penetrada, se arreganha.
O pau, indo e voltando, dá signal
de que ja vae gozar onde se banha...

A cama, sob os corpos, range e mal
supporta o peso quando, assim que a sanha
se abbranda, os dois se abbraçam no final...
É quando, de repente, surge a aranha!

Estava sob o estrado e, sacudida,
resolve reagir, puta da vida,
dispondo desse mar de corpos nus...

Attacca e injecta, na primeira pelle
que encontra, seu veneno! Antes que appelle
a Deus, a moça grita e accende a luz...

SONNETTO DA ZONA ESCROTA [1652]

Si o pé do ser humano é tido como
seu poncto baixo, sujo, oppressor, mau,
alguma analogia ao caso sommo,
dizendo ser o sacco o pé do pau...

Si o penis por um cara erecto tomo,
o escroto é o que lhe tem inferior grau,
quer sejam os testiculos dum homo
ou do michê mais masculo e vagau...

Os bagos, como os pés, teem pelle grossa,
que cheira forte e causa nojo à nossa
narina, lingua ou timida beiçola...

Lamber, portanto, o sacco, e até chupal-o,
mais justa e propriamente do que o phallo,
rebaixa a bocca humana, como a sola...

SONNETTO DO FILME PORNÔ [1675]

Ninguem esporra dentro! Trepa a puta
em tudo quanto é pose e posição:
deitada; de joelho; à força bruta
boquetes paga; engole um caralhão...

Coqueiro e frango-assado ella executa
com rara habilidade, e a direcção
do filme, amadoristica e fajuta,
repete aquillo a poncto de exhaustão...

Porem jamais o penis ejacula
emquanto a puta o tenha dentro, engula
ou cubra com a mão: tem que ser fora...

A porra é branca, espessa, e tanto abunda
que faz a cobertura, sobre a bunda,
como o glacê no bollo, que o decora...

SONNETTO DA GRAPHIA
POLITICAMENTE CORRECTA [1683]

Se escreve que é "veado" ou que é "viado"?
Se escreve que é "boceta" ou que é "buceta"?
Depende da intenção: si o bicho é dado
por macho ou si a conducta o comprometta...

Si o bicho é "bicha", um "ı" será graphado;
si apenas bicho, um "e" faz a canneta.
E quanto à xoxotinha? Algum boccado
de pecha está no pau que se lhe metta?

O estojo de rapé ja está em desuso,
no proprio territorio, o solo luso,
e ja ninguem precisa desses termos...

Da vulva todo mundo necessita,
até quem não aspira, traga ou pitta,
pois della dependemos ao nascermos...

SONNETTO DA TITHIA QUE TITILLA
[1689]

A thia solteirona causa intriga
no seio da familia: dá palpite
em tudo, attiça a raiva, inveja instiga...
Paresce que ninguem lhe impõe limite!

Agora ella se mette si a mãe grite
mais alto com a filha, sua amiga...
Extranha, essa amizade! E não admitte
que alguem as accompanhe la na Liga...

As duas só la vão quando as senhoras
se ausentam, e, trancadas, passam horas
jogando sabe la Deus Pae o que!

Catholicas, as velhas nem suspeitam
que as duas, nos divans, rolam e deitam,
brincando de quem coma e de quem dê...

SONNETTO PARA OS SEIOS [1722]

Peituda, o "sutian" della equivale
a um par daquella bolla que se chuta.
Famosa, a artista é rara, que se eguale
a ella: uma Mae West? Ah, não disputa!

Fafá tambem não dá razão que falle
alguem em comparar... O que se escuta,
porem, dessa menina não lhe vale
melhor reputação do que a de puta...

É attraz dessas mamminhas que a ralé
paresce estar correndo... Mas qual é,
pergunto, o maior charme desse seio?

Talvez os caras queiram só mammar...
e achar tambem um optimo logar
para a penetração: dos dois no meio...

SONNETTO PARA UM BEBÊ CHORÃO
[1747]

Emquanto o bebezinho dorme, os dois
recemcasados trepam. De repente,
no meio da chupeta, param, pois
accorda o fofo e chora, descontente...

Na hora o cara brocha! P'ra depois
ja fica aquella foda! A mãe se sente
forçada a outra chupeta, e o nome aos bois
convem que se lhes dê na voz corrente...

"Chupeta" a gente "dá" para a creança,
mas "faz" quando o chupado só descansa
depois de ejacular, como um chicuta...

Si o cara não gozou, tanto peor!
Agora o bebê sabe ja de cor
os termos da expressão "filho da puta"...

SONNETTO PARA UM NAMORO
ADOLESCENTE [1831]

O joven, preoccupado, ao seu doutor
pergunta por que sua namorada
recusa-se a chupar. "Será o fedor?
Mas sou tão hygienico!" Qual nada!

Tem nauseas, a coitada, mas, si for
verificar direito, está lavada
a rola do rapaz... Tanto pudor
tem uma explicação ja bem manjada...

Aromas e sabores o rapaz
no proprio pau passou, mas melhor faz
si, em vez de lhe pedir, commande a "dona"...

Chupar, com nojo ou não, a gente obriga!
A moça que obedesça! Si der briga,
o cara logo encontra outra boccona...

SONNETTO PARA UM SONHO DESFEITO
[1863]

Na hora em que apagou a luz, estava
a moça se lavando: tinha ja
limpado seu cuzinho, e agora lava
a estreita bocetinha, que não dá...

Sem agua quente, fica a moça brava
e tenta se enxugar. Quando ella está
ficando quasi secca, o braço trava,
de subito, seu gesto... Que será?

Sentiu a coceirinha pela perna,
de leve, uma caricia meiga e terna
que sempre desejou e que não ganha...

Então voltou a luz e, horrorizada,
percebe que a coceira é provocada
por uma cabelluda e negra aranha...

SONNETTO PARA UM VOCABULARIO CONTROVERSO [1916]

Embora em Portugal eu tenha a avó,
tal como no Brazil la não se falla:
"garota" é la "chavala", vejam só!
Por que não chamam logo de "cavalla"?

Aqui, diriam "egua": é de dar dó!
Daqui a pouco, a uma "burra" ja se eguala...
Me ponho a imaginar na lingua o nó
que dá a "boceta" a um luso, ao pronuncial-a...

La dizem "conna", ou "conno", um masculino!
Calculem si um "boceto" adopto e ensigno
que é certo e preferivel... Hem? Que escracho!

Teremos que dizer, então, "caralha"!
Será que bem ao phallo o termo calha?
Será que inda dirão que "bicha" é macho?

SONNETTO PARA UMA OVELHINHA DESGARRADA (2035)

Mas que menina linda! Venha ca!
Aqui, com o tithio! Qual é seu nome?
Cadê sua mamãe? Vae voltar ja?
Não fique preoccupada! Ella não some!

Mamãe lhe dá presentes? Papae dá?
E que mais quer ganhar? Quer bala? Tome!
Alli vendem brinquedos! Vamos la?
Tambem vendem pipoca! Está com fome?

Me dê a mãozinha! Assim! Está com medo?
Tithio não vae morder! Ainda é cedo!
Que tal dar um passeio no meu carro?

"Foi elle, sim, mamãe! Quiz me foder!
Babaca! Accreditou que tem poder
de seducção? Em velho eu não me amarro!"

SONNETTO PARA UMA GAROTA QUE NÃO É DE QATIF [2042]

Que tenho a declarar? Fui sequestrada,
sahindo à rua à noite, por bandidos!
Levaram-me ao seu antro e fui, por cada
um delles, suja, em todos os sentidos!

Foderam-me na bocca! Penetrada
me vi de todo lado! Meus gemidos
inuteis foram sempre, pois que nada
commove esses machões embrutescidos!

Clemencia, meritissimo, eu lhe imploro!
Si saio condemnada deste foro,
coitadas das mulheres estupradas!

"Culpada foi você, que os provocou!
Em nome do Senhor, pois, eu lhe dou
sentença de duzentas chibatadas!"

SONNETTO PARA QUEM FICA CHUPANDO O DEDO [2088]

O joven se approveita da cegueira
do velho e della zomba. Nem duvida
que o cego se subjeita ao que elle queira
e accapta qualquer coisa que decida...

Mandou chamar, então, uma rameira
e, emquanto a fode, o cego nem convida.
Só resta, a quem não vê, ficar na beira
da cama, ouvindo a puta ser fodida...

O sacco do rapaz o cego escuta
battendo, em plena copula, na puta,
que ja chupou-lhe o pau e os pés lambeu...

Depois que a vagabunda foi embora,
o joven chama o cego e diz: "Agora
é sua vez!" E quem chupa sou eu...

SONNETTO PARA UM PERIPAQUE SEM DESTAQUE [2099]

Num quarto de motel, o velho exhala
seu ultimo suspiro: o comprimido
tomado foi demais para quem galla
ja nem tem no colhão, que está rendido...

A pobre prostituta ainda falla:
"Vovô! Que foi? Accorda!" Addormescido,
porem, elle jamais irá escutal-a,
tampouco dar ouvidos a Cupido...

Chamada a portaria, alguem accorre
e encontra uma menina, inda de porre,
tentando despertar uma carcassa...

Nenhum policial se surprehende
com mais esta occorrencia, que não rende
siquer noticia num jornal de massa...

SONNETTO PARA UMA MULHER DAMNADA [2117]

Ficou, na Parahyba, Cabaceiras
famosa pela cega que dizia:
"Eu quero é me lascar!" Entre as rameiras,
nenhuma mais soffreu da freguezia.

Fodiam-na na bocca! Com maneiras
estupidas forçavam-na, e ella abria
boceta e cu, que as piccas mais grosseiras
punham em carne viva e na sangria!

Sahiam sem pagar e a pouca grana
ainda lhe roubavam! Quem se damna
assim aguentaria um lupanar?

Pois ella alli ficava! E quando alguem,
lhe escuta o choro e soccorrel-a vem,
terá de ouvir: "Eu quero é me lascar!"

SONNETTO PARA UM HOMEM DAMNADO
[2118]

Aqui na Paulicéa, um cego está
na mesma condição daquella cega
que, desde Cabaceiras, ficou ja
famosa pela phrase que se emprega.

"Eu quero é ser pisado!", digo ca
commigo e para aquelle que não nega
seu sadico tesão e a intenção má
de ser chupado e de "lavar a jega"...

Depois de ser fodido sem ver nada,
apenas escutando-lhe a risada,
na cara levo um tapa e um "Cala o bicco!"

Em vez de lamentar-me, apenas cito
a cega e reconhesço-me maldicto:
com dor e humilhação me identifico.

SONNETTO PARA UMA PLATÉA MACHISTA [2146]

O valetudo come solto. A cada
assalto, mais o publico se assanha.
Os caras se engalfinham na porrada,
no chute e no pisão. O "honesto" appanha...

Erguendo a tabuleta, uma piranha,
pellada, quasi, finge que alli nada
escuta ou vê, mas saca, e de quem ganha
ou perde leva o rotulo e a cantada:

"Gostosa! Vacca! Chupa aqui, vagaba!"
Quem grita, frente às cameras, se gaba
e aggarra o proprio pau por sobre o "short"...

Ja pode elle, à vontade, de pau duro
ficar, vendo os marmanjos, que são puro
tesão, alli se expondo quase à morte...

SONNETTO PARA UMA PROVA IRREFUTAVEL (2501)

Com cego não se brinca! Ao restaurante
vae elle e, sem cardapio em braille, o jeito
é um pedido ao garçon, que foi acceito:
trazer-lhe uma colher suja, o bastante.

Aquella da panella, isso. E, durante
seguidos dias, elle, com perfeito
paladar, prova e sabe o que foi feito
na hora: accerta sempre e se garante.

Para sacaneal-o, o garçon pede
que Chica, a cozinheira, na xoxota
dê cheia colherada. A esposa accede.

E o cego, que a colher na bocca bota:
"Cê tá de sacanagem! Não me dede
que a Chica aqui trabalha! Que chacota!"

SONNETTO PARA A ANATOMIA DA VULVA [2512]

Amigo meu de infancia sempre tinha
alguma perguntinha de algibeira.
Exemplo: si a mulher, de Adão herdeira,
tem penis, tem um homem bocetinha?

"Ei, como assim?", a gente logo vinha
p'ra cyma. Elle explicava: "ora, quem queira
saber, veja na puta mais rampeira
o grelo advantajado: é uma rolinha!"

Si existe um pau la dentro da vagina,
cadê, no macho, a xota equivalente?
Ao menos algum traço se imagina...

Bobagem de creança. Mas a gente
no sacco a procurava e, na bolina,
não era aquella fenda tão ausente...

SONNETTO PARA UMA CONCENTRAÇÃO MASCULINA [2562]

Que foi? Tá me extranhando? Eu, não! Não acho
nenhum homem bonito! Eu acho feio
aquelle caralhão duro no meio
das pernas! Molle, então, é um esculacho!

Tou fora! Não supporto esse relaxo
de quem não toma banho! Quero asseio,
perfume, perna lisa, seio cheio!
Boceta, emfim! Qual é? Sou cabra macho!

Cecê? Braço pelludo? Eu, hem? Que nada!
Bigode? Barba dura? Basta a minha!
Ver pela frente, só mulher pellada!

Aqui no vestiario, essa morrinha
damnada de marmanjo me faz cada
vez mais carente duma bocetinha!

SONNETTO SOBRE UM PIERRÔ APPORRINHADO [2827]

Pierrô, si appaixonado, dá vexame
a toda hora. Pela Colombina
faz tudo, até se humilha, si a menina
for sadica e impedir que elle reclame.

A bella Colombina tem o infame
capricho de exigir (Quem imagina?)
que o cara experimente sua urina
na lingua, como prova de que a ame!

Mas, quando ja Pierrô se adjoelhara,
faz ella que Arlequim seja quem mije
na bocca do coitado! Mas que tara!

Peor é que Arlequim ainda exige
que engula o mijo! O gosto se equipara
a vinho com wermuth e pinga! Vige!

SONNETTO SOBRE UMA DOMINADORA BEM HUMORADA [2932]

Sorris da minha dor, mas eu te quero.
Escravo sou, farei o que quizeres,
pois tens a malvadeza das mulheres
e pões, sobre meu rosto, o pé severo.

Si affirmo ser escravo, sou sincero,
e o salto, com o qual, rindo, me feres,
supporto, mesmo quando tu tiveres
vontade de testar o que eu tolero.

Mulheres, ao usarem salto agulha,
estão escravizando algum rapaz,
que em sonhos masochisticos mergulha...

A ti sei que pertenço, e tanto faz
si pisas em meu rosto ou se vasculha
teu salto o meu tesão, pois rindo estás...

SONNETTO SOBRE UMA PAIXÃO CEGA
[2933]

Só louco pode amar desta maneira,
querendo bem e, ao mesmo tempo, sendo
escravo, mergulhado neste horrendo
inferno tenebroso da cegueira!

Paixão tão masochista, é certo, beira
a propria insanidade! Estou vivendo
aos pés duma mulher! Não me defendo
dum golpe, com o salto ou a biqueira...

Até que uma attitude tem, materna,
minha dominadora, raramente,
mas, quasi sempre, apenas me governa...

Pisando-me no rosto, está contente.
Meu corpo é mero appoio à sua perna.
Eu sinto amor; prazer é o que ella sente.

SONNETTO SOBRE O BEIJO MAIS INTIMO
[3008]

Vocês ja repararam? Quando alguem
chupou rola ou boceta, mesmo aquella
recemlavada, um halito revela
aquillo, porque cheiro forte tem.

Quem é que ja não disse "Não, meu bem!",
negando-se a beijar a linda e bella
boquinha que chupou e que a sequela
conserva no bafejo que nos vem?

Por isso o sexo oral é sempre sujo:
si a bocca está em contacto com aquillo
que fede, o odor a eguala ao dicto cujo.

Inutil evital-o ou prevenil-o:
mais forte se perfuma, mais eu fujo
do cheiro, pois sou sujo sem vacillo.

SONNETTO SOBRE A DUPLA IDENTIDADE
[3021]

Como é que pode? Moça tão formosa
fazer algo tão sujo, que eu nem cito?
Como é que pode? Um cara tão bonito
cagar merda tão fetida e lodosa?

Os dois dão bella dupla, que bem posa
nas photos, o melhor casal descripto
nas notas sociaes, mas, sob o mytho,
percebo que nem tudo é cor-de-rosa.

Flagrei ja, na privada, o que o rapaz
deixou sem dar descarga. E da menina?
Tambem cheirei, no vaso, o que ella faz.

Que horror! Que cagalhões! Que fedentina!
Ironico, hem? São lindos, elles, mas
s:e esquecem do que largam na latrina...

SONNETTO SOBRE A VERSATILIDADE DAS MULHERES [3063]

Depois da Mulher Gatto, a Mulher Gallo,
Mulher Orangotango, e até mulher
de nome comestivel... Quem quizer,
excolhe: Mulher Cão, Mulher Cavallo...

Melhor nome excolhi para, aqui, dal-o
àquella que não seja uma qualquer,
que "pisque" sua bunda e o que mais der,
alem de fallar coisas que eu não fallo:

Si a tal Mulher Filé tem seu logar
na photo, ao vivo, à mesa e até na cama,
terá a Mulher Bisteca mais a dar...

Virar Mulher Biscate ella proclama
que pode: é transformista, e quem pagar
mais alto chega a achar nella uma dama.

GINGANDO NA GANGORRA [3117]

O poncto "G", que muita gente falla
ser "grelo" na mulher, é mais um mytho
da sexualidade. E nem cogito
apenas do pezinho, ao excital-a.

Tambem se applica ao homem: o que embala
o sexo é qualquer zona, ao infinito.
Si, amado, o feio passa a ser bonito,
importa, em cada corpo, o que o regala.

Que seja, então, o "grelo", mas tambem
"gambito", "glande", "gonada" ou "gogó",
comtanto que alli tenha orgasmo alguem.

Na bicha, no netinho ou na vovó,
que o "G" não signifique nada alem
de "gozo", simplesmente "gozo", e só!

FEDIDO POR FEDIDO [3185]

"Magina! Eu não! Lavar o meu caralho?
Ninguem vae me chupar! Vou ter trabalho?"

Assim argumentando, elle deixava
curtir o membro immundo em seu fedor...
E como fede um pau que não se lava!

O sebo, que na glande forma crosta,
si fosse na colher, mingau de aveia
ficava parescendo! E até que cheia
seria uma de sopa, quem apposta?

Calhou de achar mulher que fosse escrava
a poncto de acceitar seja o que for
na bocca... E elle inda manda o asseio à fava!

"Mas si ella achou que sujo é que eu lhe calho!
P'ra que lavar? Ahi que eu me emporcalho!"

REPENTINAS BOLINAS MASCULINAS
[3198]

Rapazes curtem selva, mar, piscina,
e a turma na pousada se confina.

Dois delles, China e Rapha, um só colchão
dividem, de valete, e Rapha fica
temptado a chupitar do outro o pezão.

Fingindo que dormia, o China deixa.
Manhan seguinte, chama o Rapha às fallas
e indaga si elle as solas quer chupal-as
de novo, p'ra valer, feito uma gueixa.

Vexado, Rapha topa, mas diz não
ser gay, mesmo que dura tenha a picca.
E o China só confirma: "Eu sou machão!"

Amigos são ainda, mas o China
só quer que seu pé chupe a sua mina...

O MAIS MASCULO VOCABULO VERNACULO [3222]

"É pau, e rei dos paus", diz o poeta.
Não rhyma nem com "teta" nem com "setta".

Começa com "c" mesmo, e não com "p".
"Vagina", em Portugal, se escreve "conna".
La, "porra" não é "semen" p'ra quem lê.

Bocage lhe compara o termo a toda
especie de madeira, às vezes rija,
às vezes molle, pela qual se mija
ou pela qual esporre alguem que foda.

Fedendo a bacalhau, salga o buquê.
É doce quando o chupa uma bichona
e, para ser "carvalho", falta o "v".

É aquillo que se mette na boceta:
si alguem tardou a achar, no cu que o metta!

MONACHAL BACCHANAL [3280]

No filme do pornographo italiano,
os monges se consagram no prophano.

Alumna de piano, a nymphetinha
seduz seu professor e o pau lhe chupa.
Alli, quem, affinal, desencaminha?

Flagrado, o mestre à cella commum vae.
Interna-se a donzella num convento.
Será "purificada" sob um bento
pretexto: expiação... Pae, perdoae!

Os frades lhe penetram a boquinha...
Flagellam-lhe a bundinha... Em catadupa
jorrou a porra... O penis ia e vinha...

Esbanja o director primeiro plano
e close, em sua offensa ao Vaticano.

APPURO NO APPURO [3361]

Difficil, à mulher desprevenida,
é quando, entre as visitas, se intimida.

A porta do banheiro, então, lhe indico
e a loira se retira (Com licença!),
calcinha ensanguentada pelo chico.

Demora a retornar e, quando a vez
me chega, acho o papel quasi no fim
e o cesto abbarrotado: foi assim
que todo aquelle sangue seccar fez.

Olhando mais de perto, verifico
que até a calcinha a loira alli dispensa,
tão sujo lhe ficara aquelle mico.

Sem nada ter por baixo, ella, fingida,
nos brinda, até que o apperto reincida.

TRAUMAS DE INFANCIA [3364]

De novo ella a pegou quando "daquillo"
brincava. Castigou-a sem vacillo.

A mãe os prevenira: não queria
mais vel-os practicando, sua filha
de seis com o priminho, a "porcaria".

Aos cinco, comparava seu pipiu
e a racha da menina esse menino
safado! A thia, então, "Não recrimino!"
dissera. E a mãe: "Onde é que ja se viu?"

Flagrado, desta vez, quando mettia
o dedo na xoxota, elle se pilha,
agora envergonhado, frente à thia.

Mas esta o persuade: "Vem, Danilo,
cutuca aqui, cutuca!" E elle intranquillo.

VOCALICA VOCAÇÃO [3366]

Aberta é que a vogal idéa dá
daquillo que na foda incluso está?

Curriculo da puta e do michê,
o erotico é, tambem, do travesti:
cardapio de quem coma ou de quem dê.

Exerce o mesmo officio, si é pornô,
a lyra que um ephebo exhibe nu,
comendo uma boceta, enchendo um cu
de porra, ou qualquer bocca de cocô.

Chupar pau é dever de quem não vê,
mas, antes, lambe um cego o que eu lambi:
artelhos, si o chulé for seu buquê.

Officio do orificio, a foda irá,
fechando e abrindo, aonde a vogal va.

CAGONA E MANDONA [3388]

Mas Sylvia... (Ha que dizel-o!) ... Sylvia caga!
No cu da moça ha lingua que ache a vaga.

O Jonathan fallou. Não disse tudo,
porem: a moça exige que o parceiro
lhe limpe, apoz cagar, o anal canudo.

Usando, é claro, a lingua! E "chocolate"
é como a moça chama o creme pardo
que o macho lamberá si, feito um dardo,
a lingua alli penetre e, humilde, accapte.

Sahiu ja na privada o mais polpudo
tolete, mas nas pregas gruda, inteiro,
algum cocô que o macho engole, mudo.

A moça se diverte emquanto paga
um mico o macho. E Swift é quem a affaga.

AUTO PRO MOÇÃO [3409]

Meu coração por ti gela!
Meus affectos por ti são!
Ja que não posso amar ella,
ja nella não penso, então!

Ja beijei a bocca della,
que me disse: "Ja que tão
pouca fé, depois, revela
teu amor, tu me tens não!"

Francamente, eu acho peta
que uma mão não se prometta
nesse pappo tão sincero!

Crê-me: ja passei por cada
revez! Si excappei da amada,
eu ca, agora, a ti, só, quero!

PUTA DE RECRUTA [3450]

Foi suffoco, na Argentina,
o regime militar!
Torturou-se até menina
bem novinha! Vou contar:

Estudante, ella termina
como puta em lupanar:
amarrada, se destina
a morrer e, antes, chupar!

Ja tapado o seu nariz,
a coitada ainda quiz
respirar de bocca aberta...

E um soldado, até a goela,
mette a rola, que ella fella...
Si demora, a morte é certa!

SOLTEIRA E CABREIRA [3455]

Sou mulher desconfiada
de qualquer pappo furado:
não dou trella p'ra cantada
nem das modas sigo o gado!

Não! Phantasma? Eu, hem? Que nada!
Nem vampiro! Acho gozado!
Lobishomem? É piada!
Tenho medo é de tarado!

De pensar que elle me metta
no cuzinho ou na boceta,
eu de panico ja morro!

E si for na bocca, então?
Deus me livre! O caralhão
é maior que o dum cachorro!

PRIMEIRAS LETTRAS [3525]

Na cartilha, que é pudica,
não se diz "B" de "boceta",
"C" de "cu", nem "P" de "picca",
nem de "pau", nem de "punheta".

Numa eschola, bem não fica
que na gatta o gatto metta
nem contar que a dona Chica
mostra a xota a algum xereta.

Um poeta que eu conhesço
vira tudo pelo avesso
e diz "Ivo viu a vulva"!

Suppor cabe si a tal xana
é da avó, da mãe, da mana,
e si a dona é ruiva ou fulva...

PECCADO NEFANDO [3952]

O camponio diz à amada:
"Tudo faço por ti! Manda!"
A mulher, que não tem nada
de sanctinha, sorri, branda:

"Tua mãe quero estuprada!
Farei disso propaganda!"
O camponio, louco, brada:
"Vou fodel-a!" E ja debanda.

A velhinha está rezando:
pelo filho pede, quando
este chega e o cu lhe arromba!

Vem do Alem, então, a voz:
"Teu peccado foi atroz!
Não fodeste a mãe na pomba!"

PECCADO VENIAL [3956]

Quer dizer que a gente pecca
e será "Desta vez passa!"
a resposta, em vez de "Neca!
Sem perdão!"... Vejam que graça!

Si eu esporro na cueca,
não ha padre que me faça
crer que a mancha que alli secca
é immoral, torpe, devassa!

Si um peccado mal não fez,
certamente uns dois ou trez
não farão, não é, meu sancto?

Ai, que bom! Si batto bronha
toda hora, com vergonha
eu até nem fico tanto!

PECCADO MORTAL [3957]

Quer dizer que, caso a gente
peque, está ja condemnada
a morrer? Mas alguem tente
me explicar! Não manjo nada!

Morrer, todos, certamente,
morreremos! Mas, si cada
um de nós morrer somente
por peccar... Hem? Que enrascada!

Uma mancha na cueca
incrimina alguem, que pecca
ante o codigo divino?

Ai, que horror! Si for assim,
está proximo o meu fim,
pois "precoce" me imagino!

PROPRIAMENTE DESFRUCTANDO [3958]

Ja deu filme nacional
essa historia, mas me falla
um amigo que é normal
o costume de... estupral-a!

À mulher ninguem "faz mal",
neste caso: o que se entalla
é o caralho na fatal
melancia... É só fural-a!

Si no cu leva a cenoura
uma bicha, que lhe estoura
todo o recto, por que não...?

Uma abobora ou moranga
faz papel, quando balanga,
da mulher, tendo tesão!

MENINA MIMADA [3960]

A filhinha à mãe pedia,
insistente, uma boneca.
A mamãe resiste, addia,
mas, emfim, ja não diz "Neca!"

A boneca, que queria
a menina, até defeca!
Peida, arrocta, o dedo enfia
no nariz, tira melleca...

Bem que a mãe desconfiava:
quer a filha ter a escrava
que fiel ser lhe prometta...

Por um lapis penetrada
no cuzinho, a Barbie aggrada,
com a lingua, outra boceta...

PECCADO ORIGINAL [3961]

O peccado contagia,
pois, si um fode, outro tambem
se fodeu numa "philia",
dentre as tantas do vae-vem...

Um prefere a mulher fria;
outro quer, queimado, alguem;
um na bocca o phallo enfia;
outro o cu quer que lhe deem.

Tudo, em copulas, é copia.
Ninguem bolla a foda propria,
differente e inusitada...

Nem o cego, que não quer
pé cheiroso ou de mulher,
inventou, no orgasmo, nada!

PECCADO CAPITAL [3962]

Capital, mesmo, só vejo
um peccado: o da avareza.
Este, sim, é malfazejo,
não o orgasmo e a rola tesa!

Quem dinheiro tem, sobejo,
mas não quer fazer despesa,
este é cego, pois, sem pejo,
poupa até na luz accesa!

Quem bem come ou bem fornica
não peccou: apenas fica
mal, depois de saciado...

Quem seu gosto satisfaz,
com mulher ou com rapaz,
a mais sempre dá um trocado.

UM MAGOTE DE CAMAROTE [4027]

Demora no banheiro. Ou caga, ou toca
punheta. A mãe advisa: "A Virgem tá
te vendo, hem? E Jesus, hem? Olha la!"
Pellado, elle se encolhe em sua toca.

Demora mais um pouco. A mãe provoca:
"Cuidado, hem? Satanaz tá vendo!" Dá
nos nervos e elle quasi que diz "Va
tomar no cu!", mas cala-se, o boboca.

Depois elle mattuta: "Porra, é todo
um bando me assistindo? Que platéa!
Eu quero ter sossego e só me fodo!"

"Estavam, junctos, tendo a mesma idéa?
A Virgem e Satan? É porra a rodo!
Quem sabe si é mamãe a mais athéa!"

CASEIRA CONFEITEIRA [4110]

Conhesço uma cruel dominadora
que obriga seus escravos a comer da
fedida torta que ella faz suppor a
melhor das iguarias: sua merda!

Quer vel-os, esta sadica instructora,
comendo com vagar, a bocca lerda,
daquelle "cocolate", que ja fora
thesouro, em testamento, que alguem herda!

Tambem de "guariná" lhes enche a taça,
si imploram e supplicam que ella faça
xixi para que alguem beba e se banhe!

Chamar de "cocolate" e "guariná"
dá tanto prazer nella quanto dá
comer bombons, beber fina champanhe...

GOSTINHO DE MALDADE [4407]

Contou-me um rapagão que a namorada
lhe chupa a rola suja: faz questão
que a moça tenha nojo e sente, então,
"gostinho de maldade" o camarada.

Não lava a rola. Apoz uma mijada,
nem mesmo as gottas ultimas vazão
tiveram. No prepucio, ellas irão
junctar-se à sujeirinha accumulada.

Sentir esse "gostinho de maldade"
deseja o rapagão, segundo diz.
Por isso quer que a moça se degrade.

A moça, por seu lado, está feliz
fazendo tal papel. Será verdade?
Não sendo masochista, é boa actriz.

GALLO CALLEJADO [4455]

Me conta um jogador (verdade pura),
amante que é da noite, que a Maria
Chuteira, quando transa, se appropria
de usadas camisinhas, ou as fura.

Precisa inseminar-se, o que assegura
pensão, herança... E, quando chupa, fria,
evita engolir: finge na bacia
cuspir, mas enche a xota da mixtura.

O craque, prevenido, faz a puta
chupar, mas pela orelha a prende bem,
até que tudo engula e não discuta.

Na xota, quando mette, de ninguem
acceita camisinhas: elle chuta
certeiro em campo e, em casa, tem nenen.

ADDICIONAL INSALUBRIDADE [4463]

Cagou com grande esforço, pois estava
ha dias constipado. A sensação
de ardor nas pregas, sujas como estão,
suggere usar a lingua duma escrava.

E escrava elle tem uma, que lhe lava
a rola com saliva... Por que não
fazel-a o cu limpar-lhe sem sabão,
apenas na lambida? Bem que dava!

Coitada! Tão submissa! A mulher mette
a lingua la no fundo, esfrega, passa
por tudo! E elle desfructa do cunnete!

Com outra ella commenta: "Que elle faça
cocô bem duro eu quero! Que dejecte
mais molle, não, pois gruda muita massa!"

CREAÇÃO DA BOCETA [4464]

Creada foi por homens de valor
nas suas profissões: um açougueiro
chegou, com faca, e talho deu, certeiro.
Depois, um marceneiro quiz propor:

Com malho ou com formão, seja o que for,
um furo fez no centro. Ja um terceiro
que veiu era alfaiate e, por inteiro,
velludo poz no forro interno, em cor.

O quarto, um caçador, raposa poz
por fora. Um pescador, o quincto, quiz
um peixe lhe passar e odor propoz.

O sexto, um padre, a benze e só xixis
permitte que ella faça. Mas, depois,
lhe fode o fundo o septimo... e quer bis!

CONTRARIO SCENARIO [4555]

Alcova acconchegante, ornamentada
com finos cortinados; de velludo
vermelho as almofadas; sempre tudo
sedoso e assetinado, a passo cada...

À cama, enorme e larga, não ha nada
egual em maciez, com seu felpudo
e grosso cobertor. Alli nem mudo
eu nada: a scena está bem preparada.

Ninguem, porem, suspeita que, naquella
tão fofa e calma camara, um casal
fará mais perversões que na favella...

O relho come solto! A mulher mal
cagou, o homem lhe come a merda! Fella
a dama o pau dum porco ou bicho egual!

INVASÃO DE PRIVACIDADE [4662]

Flagraram uma actriz, em casa, nua.
Tiraram photos: ellas podem, ja,
ser vistas na internet. Eu acho, ca
commigo, que tem nisso falcatrua.

Não digo que ella, assim, se prostitua,
mas sabe apparescer. O que me dá
receio é que algum hacker poste la
as photos que eu não queira ver na rua...

Preoccupa-me que vejam como eu cago,
pellado, contorcendo-me no vaso,
fazendo na barriga aquelle affago...

Verão minhas caretas tortas, caso
divulguem taes imagens! Mais estrago
farão si estou cagando com attrazo!

ACCENOS DE VENUS [4831]

A menina, quando dorme,
a mão bota na xoxota.
Algo appalpa que é disforme
e de dentro della brota.

Que algo nella se transforme
o symptoma ja denota.
Desponctou-lhe um grelo enorme!
Si contar, fazem chacota.

Batatinha, quando nasce,
é difficil que ultrapasse
o tamanho desse grelo.

Aos poetas, a menina
rende a glosa fescennina
que os consagra ao descrevel-o.

ALTERNATIVA DE GODIVA [4833]

Quando nada mais funcciona,
a mulher conhesce um jeito
de attrahir macho. Ella acciona
esse methodo perfeito:

Sae à rua pelladona!
Disso tira bom proveito,
pois o macho que ambiciona
acha e leva até seu leito.

É verdade que o tal macho
não é desses boys que eu acho
respeitaveis e cortezes...

Mas fazer o que? Godiva
é mulher que não se esquiva
si precisa de freguezes...

ACTIVO RELATIVO [4837]

O machão de quattro bota
sua gatta e o cu lhe come.
Pouco mette na xoxota:
por trazeiros tem mais fome.

Sua tara tem um nome:
sodomia. Mas adopta,
só, tal nome caso tome
de alguem masculo essa quota.

Si comer o cu dum homem,
tal como outros homens comem,
elle admitte, então, que "enraba"...

Si for della o tal cuzinho,
mesmo sendo sem carinho,
da "comida" elle se gaba...

TREPADA TRESPASSADA (I) [4838]

Pelo modo como a amiga
me relata, eu não duvido
que levar no cu castiga,
pois é muito dolorido.

Ella conta que não briga,
si elle gosta: é seu marido.
Mas não creio eu que consiga
supportar si for comido.

O que, aos machos, mais excita
é saber que a periquita
bem se allarga, e o recto não...

De proposito elle mette
no cu, para que o boquete
limpe a rola... Dá tesão!

TREPADA TRESPASSADA (II) [4839]

Ella torce que elle goze
na xoxota e satisfaça
de tesão a sua dose,
mas o cara tem má raça.

Elle ordena que ella pose
de cadella. Achando graça,
mesmo tendo uma phimose,
nella monta, aggarra, abbraça...

Minha amiga enxerga estrellas,
enrabada, e, para vel-as,
nem ser noite necessita...

Sente tanta dor, que, quando
elle tira, está chorando
uma esposa exhausta e afflicta...

TREPADA TRESPASSADA (III) [4840]

Ora, emquanto a mulher sente
dor por dentro, que prazer
seu marido, sorridente,
vae curtindo ao lhe metter!

Não bastasse, é bem frequente
que elle queira, em seu poder,
uma bocca em que a semente
novamente va correr.

Faz, então, que ella lhe felle
o caralho e que, da pelle,
limpe a merda alli adherida...

Eu, ouvindo o que ella conta,
no logar me vejo, prompta
minha bocca à dura lida...

HEMORRHAGIA QUE ALLIVIA [4847]

Entrou tudo! Aquillo tinha
mais centimetros, eu creio,
que uma regua egual à minha,
si, da infancia, à mente veiu...

Mas entrou! A cadellinha,
com aquillo bem no meio
do seu rego, ja adivinha
do que esteja seu cu cheio...

Sim, de sangue! Entrou aquillo
com tal força, que feril-o
fatalmente, ao cabo, iria...

Mas nem grita, essa cadella!
Gosta, até, si dentro della
move a merda essa sangria!

CAPTIVO ADOPTIVO [4936]

Paraste por que? Vamos, continua!
Estás muito mollenga, meu rapaz!
Paresces nem ser esse que, ja faz
um tempo, fui buscar alli na rua!

De novo! Assim que eu gosto! Quero a tua
linguona trabalhando! Tu me dás
prazer como ninguem! Si não tens gaz,
te vira! Juncta as forças! Soffre! Sua!

Mais fundo! Abre-me a xota com a mão!
Agora mette a lingua! Ai, como eu fico
molhada! Ai, que delicia! Que afflicção!

Não tenhas nojo! Quando estou de chico,
tu sabes como eu gosto! Por que, então,
te fazes de coitado? Paga o mico!

VIOLANTE, A VIOLENTA [4970]

Jamais se conformou ella perante
o facto: a mulher arabe, africana,
privada do clitoris, donde emana
a sua sensação mais excitante!

Com ella, não! Jamais, ella garante!
Questão faz de ser virgem, mas, sacana,
masturba-se, estimula com insana
volupia seu grelão, a Violante!

Às vezes exaggera, quasi arranca
o grelo, tal a força que ella emprega:
paresce que maneja uma alavanca!

Os outros desconfiam: quando a cega
(ficou cega, convem dizer) se tranca
no quarto, em sirirycas arde e offega!

IMPROSTITUCIONALISSIMAMENTE
[4981]

Ficou fodidamente emputescida,
putissima ficou, vaginalmente
fallando! E, si a mulher puta se sente,
inesporradamente não revida!

Revida, pois, no esporro e, caso aggrida
o macho, machucado elle, analmente,
não fica inenrabavel! Sae da frente,
portanto, quem com femeas lindas lida!

Aquella de quem fallo, a mais ferrenha
das antiphallocraticas, não deixa
barato e, emmachecida, desce a lenha!

Si, immasculinamente, o homem se queixa,
mettido a desmetter, depois não venha
recaralhalizar, pois perde a gueixa!

MOLHADAÇO EM PALHA D'AÇO [5009]

Contou-me um outro cego, e eu nem encuco
si muito demorou p'ra que contasse:
na vulva da mulher mette elle a face
e lambe, e chupa, e suga aquelle succo!

Diz elle: "Glauco, fico mais maluco
ainda si de chico está! Que eu passe
a louca lingua pelos labios! Nasce
até ferida nella, immersa em muco!"

Não é como chupar um pau: a cara
mettida é quasi toda no vermelho
buraco vaginal, que se escancara!

Egual é só num poncto o rapazelho
à velha ou à nympheta: se compara
na lingua quando gruda algum pentelho...

VOCAÇÃO INVOCADA [5015]

A freira, do convento no jardim,
costura, sentadinha, ouvindo o canto
dos passaros. Naquelle logar sancto
paresce tudo a prece ter por fim.

Mas ella espeta o dedo... e grita assim:
"Ai, merda!" Desboccada foi, e tanto,
que fica emmudescida até, de espanto,
com medo de que escutem: "Ai de mim!"

"Caralho! Fallei merda!", a freira brada
comsigo, inconformada. Mais se espanta
a cada palavrão, blasphemia a cada.

"Ah, foda-se!" A freirinha se levanta.
"Eu nunca quiz ser freira, porra!" Irada,
escarra o catarrhinho da garganta.

IRRUMANDO NO COMMANDO [5045]

É muito prazeroso! Você deita
de lado e a rola bocca addentro mette
de alguem que nella irá fazer boquete,
mas essa bocca à foda se subjeita!

A bocca chupa, a lingua lambe, acceita
você, mas é você quem bomba: o septe
o pinto pinta! Nada ha que lhe vete
os sadicos impulsos da desfeita!

Se chama "irrumação" essa chupeta
forçada, verdadeiro estupro oral,
no qual a bocca é quasi uma boceta!

Quem mamma está por baixo e, sem moral,
aguenta na garganta o que a punheta
dos labios faz jorrar: leite escrotal!

PORCARIA SEM PERFUMARIA (I) [5047]

Sejamos francos: sexo é sujo. A picca
é suja. Uma boceta é tambem suja.
Fodeu o dicto cujo a dicta cuja?
Junctou sujo com sujo: justifica.

Tambem no cu metter, si alguem fornica
assim, é muito sujo. Sobrepuja,
porem, qualquer sujeira quem babuja
de lingua num caralho ou numa crica.

Beijar, bocca com bocca, eu não confundo
com sexo oral: embora troque baba,
a bocca não desceu ao mais immundo.

Mas quando aquelle mesmo pau que enraba
penetra numa bocca, faz, no fundo,
alguem se emporcalhar: no lodo accaba.

PORCARIA SEM PERFUMARIA (II) [5048]

Verdade seja dicta, então: a graça
do sexo oral consiste mesmo nisso,
sujar-se ao practicar um vil serviço.
A scena, por ser suja, é que é devassa.

Tentar amenizal-a, pois, não passa
de inutil camuflagem. Não me ouriço
sabendo que elle faça esse postiço
papel de "bem lavado", ou que ella o faça.

A graça está em vencer essa barreira
do nojo, em obrigar-se ao humilhante
contacto, via oral, com tal sujeira.

Portanto, é natural que o pau levante
si um sadico na bocca foder queira
de alguem que casto e puro ser garante.

ABBRAÇO SUADAÇO [5063]

"Só quero um filho delle e que elle esporre
bem rapido!", a modello pensa, ansiosa,
emquanto é penetrada. Quasi goza
o velho astro rockeiro, ja, de porre.

A moça se preoccupa. "E si elle morre
de tanto se esforçar?", repensa. E posa
de groupie, de tiete, de gostosa,
banhada no suor que delle excorre.

Beijou-o, ja, de lingua. Ja chupou
aquella rola molle, que demora
bastante a endurescer. Ja deu seu show.

Agora a vez é delle. A hora, agora,
é desse dinosauro, que suou
no palco e, exhausto, a abbraça. Brocha e chora.

CHORÃO SEM CHORDÃO [5086]

Vestindo fraldão branco, chupetão
gigante pendurado no pescoço,
ser finge bebezinho esse colosso
de macho, convertido em folião.

"Mamãe, não vem brincar no meu chordão?",
diz elle, no seu jeito chucro e grosso,
às moças, que respondem: "Nossa, moço!
Sae dessa! Não tem outra, moço, não?"

Problema semelhante enfrenta quem,
até no Carnaval, infantilista
pretende ser, fazer-se de nenen.

Ainda que elle chore, peça, insista,
mulher nenhuma encontra que, por bem,
palmadas dê num orpham masochista.

O PROVEITO DO DEFEITO [5090]

Os homens muito feios ja notaram
que, alem de não acharem namorada,
as putas chupeteiras estão cada
vez menos disponiveis, e o declaram.

Sinceras, dizem ellas, quando encaram
um feio feito a peste: "Não, por nada,
por preço nenhum chupo um camarada
assim!" Tambem as bichas ja fallaram.

Mas, quando um cego chupa um typo feio,
tamanho gozo a bocca proporciona,
que entende este a cegueira em olho alheio:

"Foi para me servir de cu, de conna,
que a bocca existe e um cego ao mundo veiu!
Melhor mamma que a puta, que a bichona!"

ESGUEDELHADA PENTELHEIRA [5099]

Na forma accidentada dos terrenos
está, do corpo, o erotico na femea,
comtanto que, na bronha, o macho embleme-a
dos seios ao monticulo de Venus.

O symbolo, talvez, que mais accenos
e appellos faz (ainda que blasphemia
alguns o considerem), não o teme a
lasciva bocca, a lingua muito menos.

Refiro-me ao pentelho, que rodeia
a vulva, feito cerca de araminho
farpado, a ser pullada, volta e meia.

A bocca não dá pullos, a caminho
da grutta, porem: perde-se e passeia
por entre a trama lubrica do ninho.

A PRAGA DA DESNADEGADA [5241]

Rebolla pelas ruas, a damnada,
com sua bunda nova! Applicou nella
uns chymicos recheios, e a mais bella
bundona acha que ostenta na calçada!

A bunda, saliente, mais aggrada
aos machos porque a calça, que revela
as formas rechonchudas, tem chancella
de griffe vagabunda, vale nada!

Mas como ella rebolla! Como ginga!
De casa à padaria, do salão
à feira, à academia... Alguem a xinga:

"Promiscua! Vadia! Temptação
do demo!" E a velha puta que, na pinga,
affoga as magoas, cospe a maldicção!

DUMA VOCAÇÃO EM CRISE [5374]

No convento, o Demo invade
duma freira o coração.
Ella tem necessidade,
ja, do penis dum christão.

O que importa é que ella aggrade
sua vulva afflicta. Não
quer saber si vem dum frade
ou dum padre o membro irmão.

E, fremente, sae a freira
à procura de quem queira
defloral-a com urgencia.

Acha o abbade velho e brocha
que a linguona nella atocha
e a accalmar-se, emfim, convence-a.

DUM RESERVADO NÃO VENTILADO
[5396]

Entra a velha num boteco
tão immundo, tão fuleiro,
que ella pensa: "Ah! Não defeco
aqui, nunca! Mas que cheiro!"

"Me seguro! Me resecco!
Mas não ponho o meu trazeiro
nessa tabua, nesse treco!
Que fedor neste banheiro!"

Mas occorre que a coitada
não se aguenta, está appertada
demais, para ter excolha...

Numa tabua ja molhada
de xixi, se senta... E nada
de papel, duma só folha...

UM SATYRO SATYRIZADO [5508]

Diz elle que comeu todas, um dia.
Talvez tenha comido, mesmo. Agora,
porem, bebendo todas, elle chora,
saudoso dum orgasmo e duma orgia.

Quem delle falla e os podres denuncia
é sua ex-namorada, uma senhora
lettrada e liberada, que namora,
agora, um medalhão da academia.

Ferina, a poetiza pinta o seu
ex-caso como um typico gagá,
que as calças emporcalha, um mau Romeu.

Manchado de xixi, de facto, dá
vexame o garanhão, que ja comeu
mulheres como aquella bruxa má.

TENTANDO TEMPTAR [5515]

No clube, pouca luz estando accesa,
performance uma bella mulher faz
na frente dum casal ou dum rapaz
sozinho. Olhares capta em cada mesa.

Vestida toda em couro, essa princeza
pretende ser rainha, mas capaz
terá que se mostrar. Intenções más
ostenta. Não tem nada de indefesa.

Rasteja um masochista a seus pés. Nota
a sadica platéa que ella pisa
na cara do subjeito e finca a bota.

Si estou presente, eu penso: nem precisa
tamanha exhibição. Meu tesão brota
si o tennis do rapaz meu rosto visa.

DE MALUQUETE, SÓ BOQUETE [5537]

Chacrette tinha sido a mãe, mas ella
prefere ser chamada "chuteirette".
Rodeia jogadores, lhes promette
jamais engravidar, mas é balela.

Eximia chupeteira, apenas fella
aquelles que não querem que os punhete,
e leva no cuzinho. Ninguem mette
na xota, offerescida, da cadella.

De vez em quando, alguem quer na vagina
metter com camisinha, que descharta,
de porra cheia... Achou que se vaccina.

A puta recupera a porra! A parta
um raio si, infeliz, não se insemina,
visando casa, cama e mesa farta...

ESTÃO VIAJANDO! [5538]

Um omnibus está, meio vazio,
voltando calmamente, à noite, para
o poncto inicial. Quem suspeitara
que, alli mesmo, se estupra, a sangue frio!

Paresce que occorreu isso no Rio,
mas acho que é mentira. Quem tem tara
capaz de fazer isso, assim, na cara
dos outros passageiros? Não me fio!

Espalham, inclusive, que a menina
menor era! O tarado poz por traz,
na bocca, pela frente... Ora! Magina!

Em pleno collectivo? E ninguem faz
nadinha? O cara esporra na vagina
infantojuvenil e foge em paz?

VAMPIRO MINETTEIRO [5539]

Historias tão insolitas eu tenho
ouvido! Aqui no bairro, conta alguem
num pappo de padoca, ja se tem
noticia dum vampiro! Eu franzo o cenho!

Só pode ser piada! O desempenho
da fera é vergonhoso! O bicho nem
procura a jugular duma refem!
Nenhuma veia fura! Ao caso venho:

Commentam que o vampiro só quer chico
sorvido duma xota ensanguentada!
Que sangue mais impuro! Que impudico!

Por isso é que eu insisto: não ha nada
peor que um brazileiro nisso! Eu fico
damnado e dou razão ao Chico! Ah! Cada...

SÉRIE SEXO

1. *Tudo que eu pensei mas não falei na noite passada*, Anna P.
2. *A Vênus de quinze anos (Flossie)*, [Swinburne]
3. *O outro lado da moeda (Teleny)*, [Oscar Wilde]
4. *Poesia vaginal — cem sonnettos sacanas*, Glauco Mattoso
5. *A Vênus das peles*, Sacher-Masoch
6. *Perversão — a forma erótica do ódio*, Robert J. Stoller

COLEÇÃO HEDRA

1. *Iracema*, Alencar
2. *Don Juan*, Molière
3. *Contos indianos*, Mallarmé
4. *Auto da barca do Inferno*, Gil Vicente
5. *Poemas completos de Alberto Caeiro*, Pessoa
6. *Triunfos*, Petrarca
7. *A cidade e as serras*, Eça
8. *O retrato de Dorian Gray*, Wilde
9. *A história trágica do Doutor Fausto*, Marlowe
10. *Os sofrimentos do jovem Werther*, Goethe
11. *Dos novos sistemas na arte*, Maliévitch
12. *Mensagem*, Pessoa
13. *Metamorfoses*, Ovídio
14. *Micromegas e outros contos*, Voltaire
15. *O sobrinho de Rameau*, Diderot
16. *Carta sobre a tolerância*, Locke
17. *Discursos ímpios*, Sade
18. *O príncipe*, Maquiavel
19. *Dao De Jing*, Lao Zi
20. *O fim do ciúme e outros contos*, Proust
21. *Pequenos poemas em prosa*, Baudelaire
22. *Fé e saber*, Hegel
23. *Joana d'Arc*, Michelet
24. *Livro dos mandamentos: 248 preceitos positivos*, Maimônides
25. *O indivíduo, a sociedade e o Estado, e outros ensaios*, Emma Goldman
26. *Eu acuso!*, Zola | *O processo do capitão Dreyfus*, Rui Barbosa
27. *Apologia de Galileu*, Campanella
28. *Sobre verdade e mentira*, Nietzsche
29. *O princípio anarquista e outros ensaios*, Kropotkin
30. *Os sovietes traídos pelos bolcheviques*, Rocker
31. *Poemas*, Byron
32. *Sonetos*, Shakespeare
33. *A vida é sonho*, Calderón
34. *Escritos revolucionários*, Malatesta
35. *Sagas*, Strindberg
36. *O mundo ou tratado da luz*, Descartes
37. *O Ateneu*, Raul Pompeia
38. *Fábula de Polifemo e Galateia e outros poemas*, Góngora
39. *A Vênus das peles*, Sacher-Masoch — edição de bolso
40. *Escritos sobre arte*, Baudelaire
41. *Cântico dos cânticos*, [Salomão]
42. *Americanismo e fordismo*, Gramsci
43. *O princípio do Estado e outros ensaios*, Bakunin
44. *O gato preto e outros contos*, Poe
45. *História da província Santa Cruz*, Gandavo
46. *Balada dos enforcados e outros poemas*, Villon

47. *Sátiras, fábulas, aforismos e profecias*, Da Vinci
48. *O cego e outros contos*, D.H. Lawrence
49. *Rashômon e outros contos*, Akutagawa
50. *História da anarquia (vol. 1)*, Max Nettlau
51. *Imitação de Cristo*, Tomás de Kempis
52. *O casamento do Céu e do Inferno*, Blake
53. *Cartas a favor da escravidão*, Alencar
54. *Utopia Brasil*, Darcy Ribeiro
55. *Flossie, a Vênus de quinze anos*, [Swinburne] — edição de bolso
56. *Teleny, ou o reverso da medalha*, [Oscar Wilde] — edição de bolso
57. *A filosofia na era trágica dos gregos*, Nietzsche
58. *No coração das trevas*, Conrad
59. *Viagem sentimental*, Sterne
60. *Arcana Cœlestia e Apocalipsis revelata*, Swedenborg
61. *Saga dos Volsungos*, Anônimo do séc. XIII
62. *Um anarquista e outros contos*, Conrad
63. *A monadologia e outros textos*, Leibniz
64. *Cultura estética e liberdade*, Schiller
65. *A pele do lobo e outras peças*, Artur Azevedo
66. *Poesia basca: das origens à Guerra Civil*
67. *Poesia catalã: das origens à Guerra Civil*
68. *Poesia espanhola: das origens à Guerra Civil*
69. *Poesia galega: das origens à Guerra Civil*
70. *O chamado de Cthulhu e outros contos*, H.P. Lovecraft
71. *O pequeno Zacarias, chamado Cinábrio*, E.T.A. Hoffmann
72. *Tratados da terra e gente do Brasil*, Fernão Cardim
73. *Entre camponeses*, Malatesta
74. *O Rabi de Bacherach*, Heine
75. *Bom Crioulo*, Adolfo Caminha
76. *Um gato indiscreto e outros contos*, Saki
77. *Viagem em volta do meu quarto*, Xavier de Maistre
78. *Hawthorne e seus musgos*, Melville
79. *A metamorfose*, Kafka
80. *Ode ao Vento Oeste e outros poemas*, Shelley
81. *Oração aos moços*, Rui Barbosa
82. *Feitiço de amor e outros contos*, Ludwig Tieck
83. *O corno de si próprio e outros contos*, Sade
84. *Investigação sobre o entendimento humano*, Hume
85. *Sobre os sonhos e outros diálogos*, Borges | Osvaldo Ferrari
86. *Sobre a filosofia e outros diálogos*, Borges | Osvaldo Ferrari
87. *Sobre a amizade e outros diálogos*, Borges | Osvaldo Ferrari
88. *A voz dos botequins e outros poemas*, Verlaine
89. *Gente de Hemsö*, Strindberg
90. *Senhorita Júlia e outras peças*, Strindberg
91. *Correspondência*, Goethe | Schiller
92. *Índice das coisas mais notáveis*, Vieira
93. *Tratado descritivo do Brasil em 1587*, Gabriel Soares de Sousa
94. *Poemas da cabana montanhesa*, Saigyõ
95. *Autobiografia de uma pulga*, [Stanislas de Rhodes]
96. *A volta do parafuso*, Henry James
97. *Ode sobre a melancolia e outros poemas*, Keats
98. *Teatro de êxtase*, Pessoa
99. *Carmilla — A vampira de Karnstein*, Sheridan Le Fanu
100. *Pensamento político de Maquiavel*, Fichte
101. *Inferno*, Strindberg
102. *Contos clássicos de vampiro*, Byron, Stoker e outros
103. *O primeiro Hamlet*, Shakespeare
104. *Noites egípcias e outros contos*, Púchkin
105. *A carteira de meu tio*, Macedo
106. *O desertor*, Silva Alvarenga
107. *Jerusalém*, Blake
108. *As bacantes*, Eurípides

109. *Emília Galotti*, Lessing
110. *Contos húngaros*, Kosztolányi, Karinthy, Csáth e Krúdy
111. *A sombra de Innsmouth*, H.P. Lovecraft
112. *Viagem aos Estados Unidos*, Tocqueville
113. *Émile e Sophie ou os solitários*, Rousseau
114. *Manifesto comunista*, Marx e Engels
115. *A fábrica de robôs*, Karel Tchápek
116. *Sobre a filosofia e seu método — Parerga e paralipomena (v. II, t. I)*, Schopenhauer
117. *O novo Epicuro: as delícias do sexo*, Edward Sellon
118. *Revolução e liberdade: cartas de 1845 a 1875*, Bakunin
119. *Sobre a liberdade*, Mill
120. *A velha Izerguil e outros contos*, Górki
121. *Pequeno-burgueses*, Górki
122. *Um sussurro nas trevas*, H.P. Lovecraft
123. *Primeiro livro dos Amores*, Ovídio
124. *Educação e sociologia*, Durkheim
125. *Elixir do pajé — poemas de humor, sátira e escatologia*, Bernardo Guimarães
126. *A nostálgica e outros contos*, Papadiamántis
127. *Lisístrata*, Aristófanes
128. *A cruzada das crianças/ Vidas imaginárias*, Marcel Schwob
129. *O livro de Monelle*, Marcel Schwob
130. *A última folha e outros contos*, O. Henry
131. *Romanceiro cigano*, Lorca
132. *Sobre o riso e a loucura*, [Hipócrates]
133. *Hino a Afrodite e outros poemas*, Safo de Lesbos
134. *Anarquia pela educação*, Élisée Reclus
135. *Ernestine ou o nascimento do amor*, Stendhal
136. *A cor que caiu do espaço*, H.P. Lovecraft
137. *Odisseia*, Homero
138. *O estranho caso do Dr. Jekyll e Mr. Hyde*, Stevenson
139. *História da anarquia (vol. 2)*, Max Nettlau
140. *Eu*, Augusto dos Anjos
141. *Farsa de Inês Pereira*, Gil Vicente
142. *Sobre a ética — Parerga e paralipomena (v. II, t. II)*, Schopenhauer
143. *Contos de amor, de loucura e de morte*, Horacio Quiroga
144. *Memórias do subsolo*, Dostoiévski
145. *A arte da guerra*, Maquiavel
146. *O cortiço*, Aluísio Azevedo
147. *Elogio da loucura*, Erasmo de Rotterdam
148. *Oliver Twist*, Dickens
149. *O ladrão honesto e outros contos*, Dostoiévski
150. *Cadernos: Esperança do mundo*, Albert Camus
151. *Cadernos: A desmedida na medida*, Albert Camus
152. *Cadernos: A guerra começou...*, Albert Camus
153. *Escritos sobre literatura*, Sigmund Freud
154. *O destino do erudito*, Fichte
155. *Diários de Adão e Eva*, Mark Twain
156. *Universidade, cidade e cidadania*, Franklin Leopoldo e Silva
157. *Tudo que eu pensei mas não falei na noite passada*, Anna P.
158. *A Vênus de quinze anos (Flossie)*, [Swinburne]
159. *O outro lado da moeda (Teleny)*, [Oscar Wilde]
160. *A vida de H.P. Lovecraft*, S.T. Joshi
161. *Os melhores contos de H.P. Lovecraft*
162. *Obras escolhidas*, Mikhail Bakunin
163. *1964: do golpe à democracia*, Angela Alonso e Miriam Dolhnikoff (org.)
164. *Dicionário de mitologia nórdica*, Johnni Langer (org.)
165. *Poesia vaginal — Cem sonnettos sacanas*, Glauco Mattoso
166. *A Vênus das peles*, Sacher-Masoch
167. *Perversão — A forma erótica do ódio*, Robert J. Stoller

Dados Internacionais de Catalogação na Publicação – CIP

M444 Mattoso, Glauco.
    Poesia vaginal: cem sonnettos sacanas. / Glauco
    Mattoso. – São Paulo: Hedra, 2015.

    ISBN 978-85-7715-401-2

   1. Literatura Brasileira. 2. Poesia. 3. Erótica. I. Título. II. Cem
   sonnettos sacanas.

             CDU 821.134.1(81)
             CDD B869.1

Adverte-se aos curiosos que se imprimiu este livro em nossas oficinas, em 11 de maio de 2015, em tipologia Libertine, com diversos sofwares livres, entre eles, LuaLᴬTᴇX, git & ruby.